제안 아이디어를 만드는 5가지 원리 : SECAR

국경묵 지음

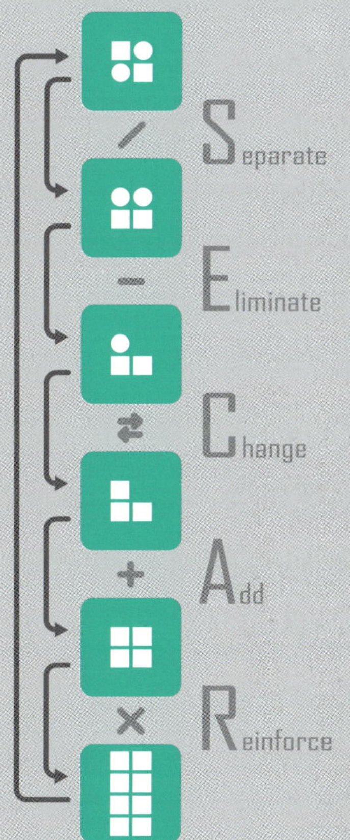

제안은
사람들에 의해서
어떻게
만들어지는가?

머·리·말

앞으로 지식 산업 시대에서는 창의적인 제안이 더 많이 필요해 질 것입니다. 다른 국가나 기업을 참조해서 따라 하는 것에서 벗어나 다른 국가나 기업에서도 해결하지 못 하고 있는 어려운 문제에 대한 해결방안을 찾아야 하는 경우가 많이 생겨나고 있기 때문입니다.

결국 질 좋은 제안 아이디어를 빠르게 만들어서 그 아이디어를 구체화하고 개선을 실행하여 성과를 창출하는 능력이 지식 근로자로 구성된 조직의 생산성을 결정할 것입니다.

필자는 경영혁신 컨설턴트로서 일을 해오면서 여러 가지 개념과 기법을 사용하여 고객이 원하는 목표를 달성할 수 있도록 하는 해결방안을 제안하였습니다. 대부분의 경우 고객 문제의 원인분석 단계에서는 문제 분석을 위한 다양한 방법론들이 문제의 종류에 맞게 많은 사람들에 의해서 개발이 되어 있어서 이들을 용도에 맞게 사용할 수 있었으나, 문제의 해결을 위한 창의적인 제안 아이디어의 발상은 언제나 개인의 능력에 해당하는 것이었습니다. 특히 어느 누구도 시도하지 않아 참조할 수 있는 것이 존재하지 않을 경우에는 막막한 경우를 경험하기도 했습니다.

그러던 중에 TRIZ라는 창의적 문제해결 방법론을 접하게 되었습니다. TRIZ의 창시자인 러시아의 겐리히 알츠슐러(Genrich Altshuller)는 유해의 최소화와 유익의 최대화를 추구하는 이상성의 향상을 위한 인간의 발명과 특허 등을 조사하여 발명이나 특허가 나오기 전의 문제점의 해결을 방해하는 모순적인 인자들이 어떠한 원리로 창의적으로 해결되어 갔는지를 규명하였습니다. 그 해결원리를 "문제를 창의적으로 해결하기 위한 이론"이란 의미의 러시아어 머리 문자로 TRIZ(Teoriya Resheniya Izobretatelskikh Zadatch)로 명명하였습니다.

TRIZ를 여러 분야와 여러 계층에 적용하면서도 여전히 쉽고 빠르게 창의적인 제안 아이디어를 발상할 수 있는 방법론이 부재함을 느꼈습니다. 그래서 쉽고 빠르게 배워서 널리 이롭게 사용할 있는 새로운 창의적 제안 아이디어 발상법을 개발하게 되었습니다.

확장된 생산성(=산출/투입) 향상 즉 이상성(=유익/유해) 향상의 문제를 해결할 수 있는 창의적 제안 아이디어의 발상을 위한 생각의 순서를 어떻게 하면 좋을까를 깊이 고민하던 중에 문제점 기능 요소 시스템 분석 방법론을 이용하여 문제를 정의하고 문제를 창의적으로 해결하는 순서를 체계화하다 보니 SECAR 방법론이 탄생하게 되었습니다. 새로운 제안 아이디어 발상법의 기본 개념 발상에서 체계적 사례연구와 SECAR의 작명과 도식화까지는 많은 연구가 필요했습니다.

제가 한 것은 기존의 여러 선구자들이 연구한 것들을 재분류하고 정리하여 새로운 제안 아이디어 발상의 생각의 순서를 정립한 것입니다.

이제 많은 분들이 인류와 지구환경에 대한 사랑을 기반으로 제가 개발한 SECAR 방법론을 이용하여 개인과 가족과 사회와 국가와 세계에 행복과 도움을 주는 창의적인 아이디어를 많이 만들고 실천했으면 합니다. 나만을 생각하지 않고 모두를 생각하면서 다같이 행복해질 수 있도록 하는 지혜로운 창의적 생각이 넘쳐나기를 바랍니다.

목 · 차

1.
인간은 **어떻게 문제를 해결**했을까?

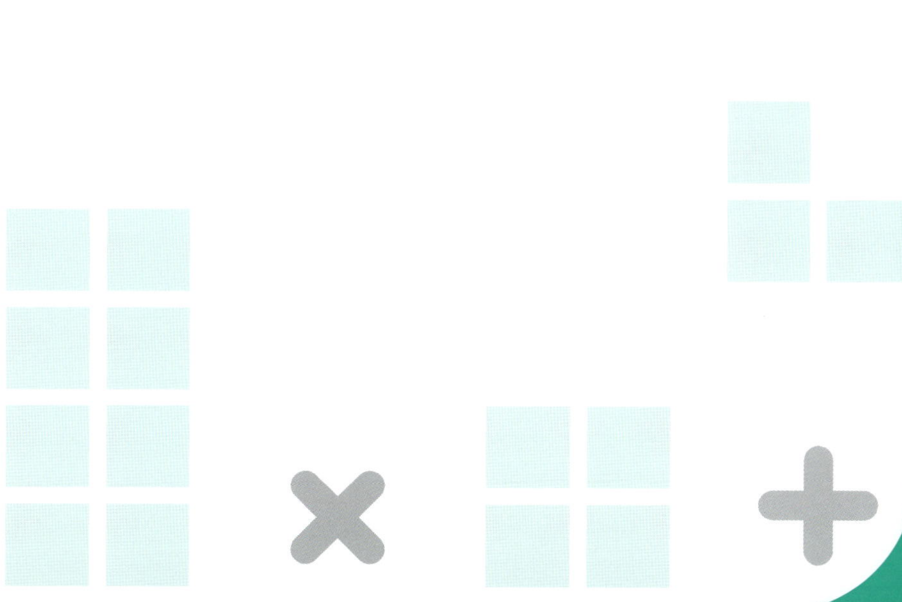

우리는 살면서 많은 문제에 직면하게 됩니다. 인생은 어쩌면 문제 해결의 과정이라고 해도 과언이 아닙니다. 같은 상황도 어떤 사람에게는 문제이고 다른 사람에게는 문제가 되지 않기도 합니다. 문제라는 것은 문제를 구성하는 요소와 그 관계를 규명하면 보다 명확해집니다.

문제의 구성요소를 살펴보면 우선 문제점이 있고, 이런 문제점을 제기하는 이해관계자들이 있으며, 문제점의 발생에 연관된 영향을 주며 이해관계자들에 의해서 통제가 가능한 기능요소들이 있으며, 문제점의 발생에는 영향을 미치지만 이해관계자들에 의해서 통제 불가능한 환경이 있습니다.

이해관계자들과 기능요소들과 간에는 각자 이상적으로 바라는 점이 있는데 이를 요구사항이라고 합니다. 이러한 이해관계자간의 요구사항과 기능요소에 대한 요구사항이 있습니다. 이러한 요구사항을 만족시키기 위해서 구성된 기능요소들과 이해관계자들간에는 유해한 영향과 유익한 영향을 서로 주고 받습니다. 유해한 영향은 결과의 불만족과 낭비적 운영결과와 불안전과 사고와 질병과 재해와 불공정과 불행 등의 정신적, 물리적, 경제적 피해를 말합니다. 유익한 영향은 결과의 만족과 가치적 운영결과, 안전과 무사고와 건강과 무재해와 공정과 행복 등의 정신적, 물리적, 경제적 혜택을 말합니다. 유익한 영향도 판단기준의 변화와 이해관계자의 입장 차이로 유해한 영향으로 바뀔 수 있습니다. 이러한 개념으로 아래의 모델링 기호를 이용한 문제 분석을 문제점 기능 요소 시스템 분석이라고 합니다.

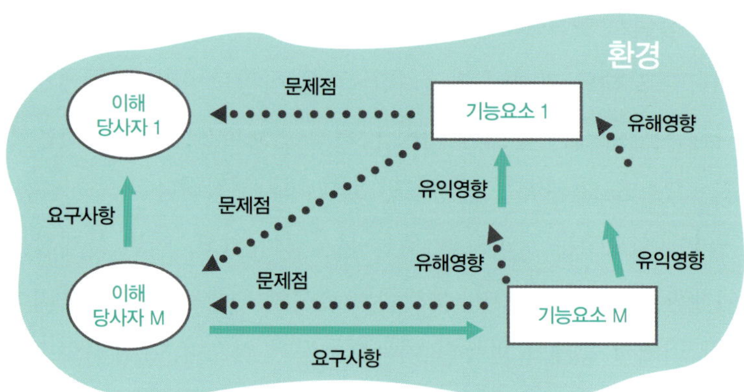

▌〈그림1〉 문제점 기능 요소 시스템 분석도 ▌

인쇄술이 발달하기 전에는 복사 필기에 의해서 만들어진 책을 읽고 있었습니다. 여기에서 발생하는 문제점은 무엇이고 어떻게 창의적인 해결방안을 찾았는지를 문제점 기능 요소 시스템 분석으로 규명해 봅시다. 책을 만들기 위해서는 글을 베껴 쓰는 사람이 있어야 하나, 대량으로 값싸게 만들기 위해서는 글을 베껴 쓰는 사람이 없어야 하는 필경사 존재의 모순이 발생합니다.

〈이용전〉

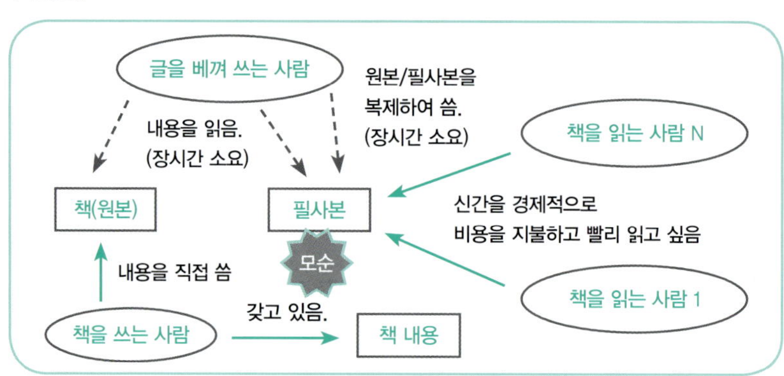

　신속한 책의 제작을 위해서는 많은 필경사가 필요하지만, 베껴 쓰는 시간은 크게 단축되지 않아 책 제작 비용은 거의 감축되지 않습니다. 따라서 원본을 사전에 표준화하여 준비된 것으로 쉽게 복제하여, 빠르게 책을 제작할 수 있는 방법으로 변환하였다. 즉, 유해한 방식을 유익한 방식으로 반전(→)하였습니다.

〈이용후〉

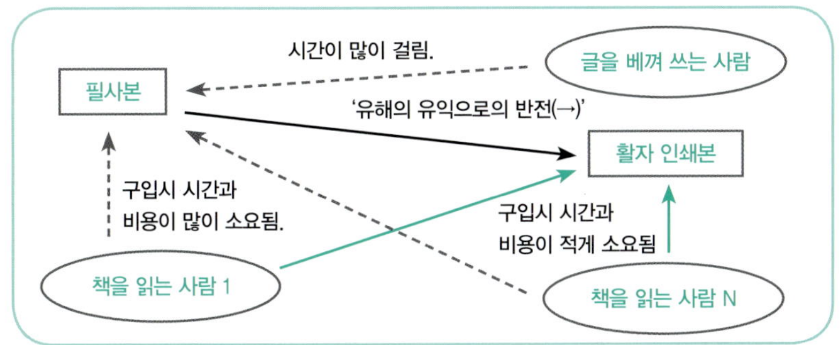

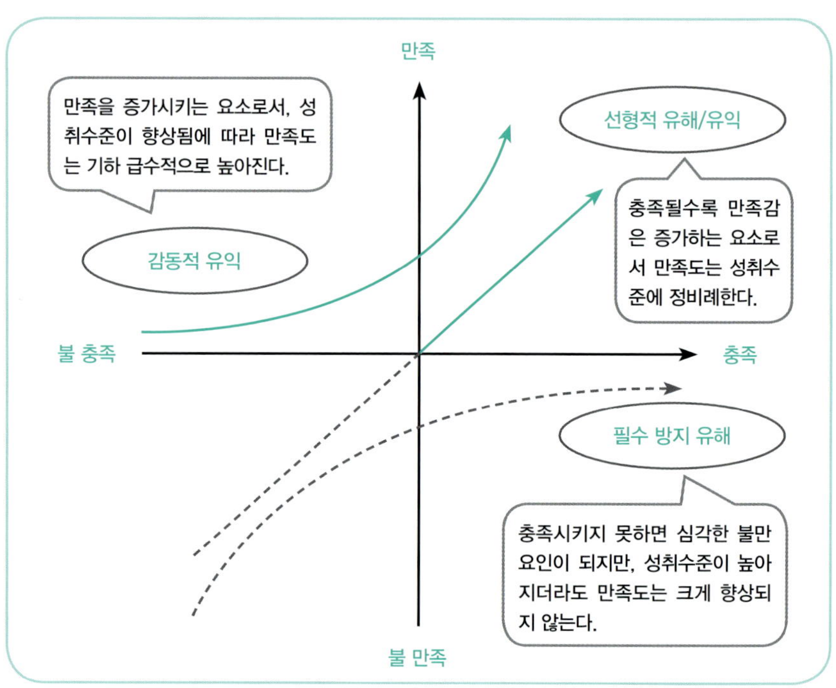

▌〈그림2〉 유익과 유해의 만족과 불만족 관계도 ▌

　이러한 분석을 하게 되면 요구사항과 유익한 영향과 유해한 영향의 충돌을 목격하게 됩니다. 이러한 충돌은 모순이라는 말로 표현합니다.

　절대적인 유익과 유해가 있는 반면 상대적인 유익과 유해도 있습니다. 자동차를 예를 들어 설명하면 아래와 같습니다. 자동차를 살 때 우리는 어떤 자동차를 살 지를 가지고 고민을 합니다. 자동차의 구입 목적이 무엇인지가 제일 중요할 것입니다. 출퇴근 운전용인지 아니면 주말 가족과의 여행용인지 등에 따라서 차종을 선택할 것입니다. 출퇴근도 근거리인지 혹은 중장거리인지 등에 따라서 유익을 가장 많이 줄 수 고 유해를 가장 적게 줄 수 있는 차를 선택할 것입니다.

우선 생각할 수 있는 유익으로는 주행 성능(엔진 성능, 조향장치 기능, 현가장치 성능, 제동장치 성능 등), 충돌사고 안전성, 전복사고 안전성, 내부 인테리어의 편안함, 기기 조작의 용이성, 조명 성능 등이 있을 것입니다.

유해로는 구입비용, 보험료, 자동차 등록세, 유지보수 비용, 연료비, 충돌사고 피해, 운전중 고장, 사고시 처리 비용, 공해유발 등이 있을 것입니다.

이중에서 어느 정도 충족이 되지 않으면 불만족을 느껴서 유해로 인식하지만 어느 정도 이상 충족되면 만족을 느껴서 유익으로 인식하는 선형적 유해/유익 요소도 있습니다.

예전에는 중형 가솔린 승용차의 경우 리터당 10Km 정도 운전할 수 있으면 유익을 주는 승용차로 인식했으나 최근에는 리터당 14km 이상 운전할 수 있어야 유익을 주는 승용차로 인식합니다. 이와 같이 연비와 같은 요소는 유익 요소와 유해 요소의 두 가지 요소를 가지고 있으며 그 요소의 특성치에 따라서 유해한 영향인지 유익한 영향인지를 판단하게 됩니다. 결국 연비는 자동차 기술의 진화에 따라 개선되기 때문에 어제의 유해라고는 판단이 오늘에는 유익이라고 판단으로 변화되기도 합니다.

생존과 관련된 유해는 필수 방지를 해야 하는 특성을 가지고 있습니다. 만약에 건강과 생명에 영향을 미치는 유해한 요소가 방지 되지 않아서 인체나 환경에 유해한 영향을 미친다면 이해관계자들은 불만족을 느낄 것입니다. 그렇다고 이러한 유해 요소가 방지된다고 해서 만족을 느끼지는 않습니다. 당연히 이러한 요소는 방지되어야 한다고 이해관계자들은 생각합니다.

유해와 유익은 상대적인 것이 많습니다. 자동차의 등차 초기만 하더라도 자동차는 마차에 비해서는 유익만을 주는 것으로 인식했으나 고속 운전 등으로 사고의 위험성이 경각되고 기후변화의 원인으로 지목되면서 유해를 주는 존재로 인식이 바뀌기도 합니다.

결국 지금까지의 투입과 산출물의 관계로 보던 물리적 생산성의 개념을 유해와 유익의 관계로 보는 이상적 생산성의 개념으로 확장할 수 있습니다.

인간의 역사에서 유익을 극대화하고 유해를 극소화한 창의적인 발명품에 적용된 인간의 창의적 사고의 원리의 규명은 이러한 발명품이 나오기 전에 어떤 문제들이 있었고 이러한 발명품이 '어떤 창의적인 사고의 원리'가 반영되어 어떻게 문제를 해결했는지를 밝혀내는 것을 통해 가능할 것입니다.

이러한 과정을 통해서 우리는 인간 문명에 적용된 '창의적 사고의 원리'를 이해하게 될 것입니다. 이러한 창의적 사고의 원리를 적용하여 체계적으로 생각을 한다면 사람들이 살아가면서 해결해야 할 문제에 대한 해결 방안을 시행착오를 거치지 않고 쉽고 빠르게 찾을 수 있을 것입니다.

1.1 불의 이용

- 자연적으로 산불이 발생했습니다.
- 여기에서 발생하는 문제점은 무엇이고 어떻게 창의적인 해결방안을 찾았을까요?

먼저 '불의 이용'이 존재하기 이전에 문제라는 것을 구성하는 요소와 그 관계를 그림으로 규명하도록 하겠습니다. 불을 쬐어 추위를 이기거나 음식물을 불을 이용하여 요리를 하기 위해서는 불이 있어야 하고, 연소시 발생하는 유해 매연을 호흡하지 않기 위해서는 불이 없어야 하는 '화석연료의 연소에 의해서 발생하는 불'의 존재의 모순이 발생합니다.

〈이용전〉

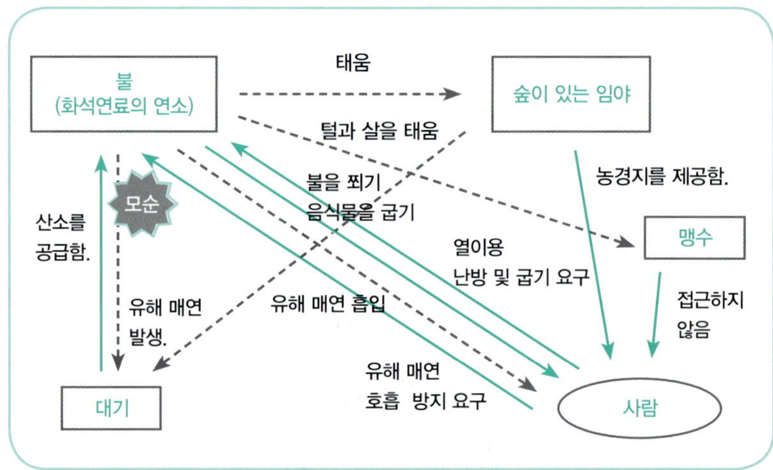

불의 존재의 모순은 불의 '유해 유익 분리(/)'로 해결하였습니다.

〈이용후〉

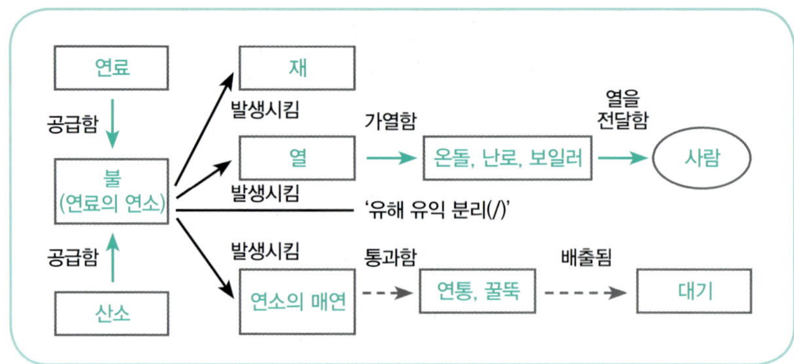

1.2 물의 이용

- 자연하천이 있습니다.
- 여기에서 발생하는 문제점은 무엇이고 어떻게 창의적인 해결방안을 찾았
  을까요?

　　'물의 이용'이 존재하기 이전에 문제라는 것을 구성하는 요소와 그 관계를 그림으로 규명하도록 하겠습니다. 물은 식수와 용수로 사용하기 위해서는 있어야 하고 홍수를 방지하기 위해서는 없어야 하는 물의 존재의 모순이 발생합니다.

〈이용전〉

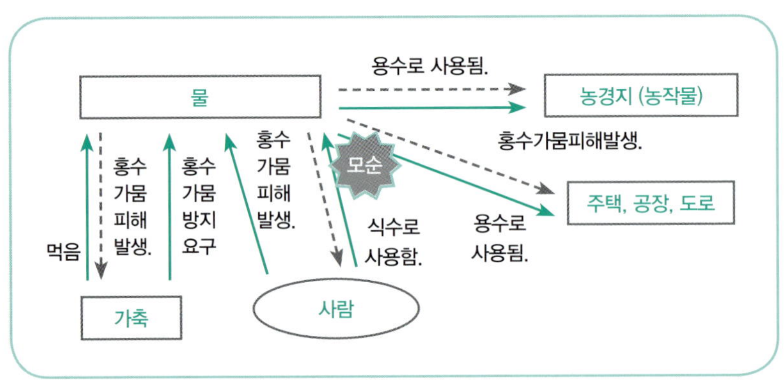

　　물의 존재 모순은 물과 관련된 '유해 유익 분리(/)와 유익 추가/통합(+)'으로 해결하였습니다. 강수량의 과잉으로 인한 홍수의 피해를 줄이기 위해서 수로를 만들고 제방을 쌓아서 농경지, 주택, 공장, 도로와 가축과 사람을 물로부터 분리하여 보호하였습니다. 또한 가뭄에 대비하기 위해서 강우 시에 물을 보관할 수 있는 유익한 기능을 갖는 저수지를 만들었습니다. 저수지의 범람과 파손을 막고 저수량의 조절과 물 공급량을 조절하기 위해서 수문을 만들었습니다.

〈이용후〉

물
홍수
가뭄
피해
발생.
제방, 수로
+
수문
저수지, 댐
물길을 바꿈.
저장하고 조절한다.
물길을 제공함.
'유해 유익 분리(/)와 유익 추가/통합(+)'
가축
사람
농경지(농작물), 주택, 공장, 도로

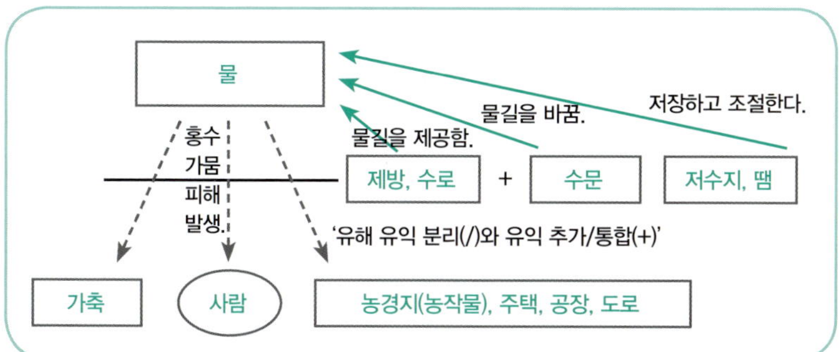

1.3 그릇의 발명

- 고구마를 수확하여 땅바닥에 보관하고 있습니다.
- 여기에서 발생하는 문제점은 무엇이고 어떻게 창의적인 해결방안을 찾았을까요?

 '그릇의 이용'이 존재하기 이전에 문제라는 것을 구성하는 요소와 그 관계를 그림으로 규명하도록 하겠습니다. 사람이 먹기 위해서는 곡물이 있어야 하고 동물이 먹는 것을 방지하거나 수분, 먼지, 벌레 오물 등에 의해 오염되는 것이 발생하지 않기 위해서는 곡물이 없어야 하는 곡물 존재의 모순이 발생합니다.

〈이용전〉

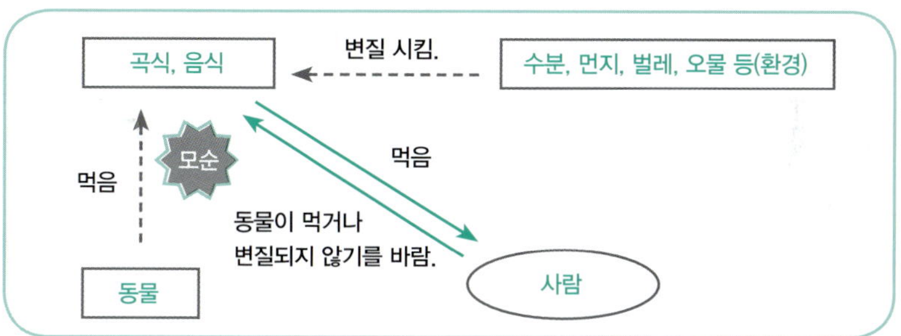

 보관된 곡식과 음식의 존재의 모순은 곡식의 '유해 유익 분리(/)와 유익 추가/통합(+)'으로 해결하였습니다. 항상 동물의 침입과 수분, 먼지, 벌레, 오물 등 침투 등의 유해를 우선 분리(호리병, 밀폐용기)하고 사람이 먹을 때에는 쉽게 먹을 수 있도록 하는 방법(뚜껑)을 생각하게 됩니다. 즉 사용 조건에 따라 유익하게 사용할 수 있도록 유익한 기능을 추가하였습니다.

〈이용후〉

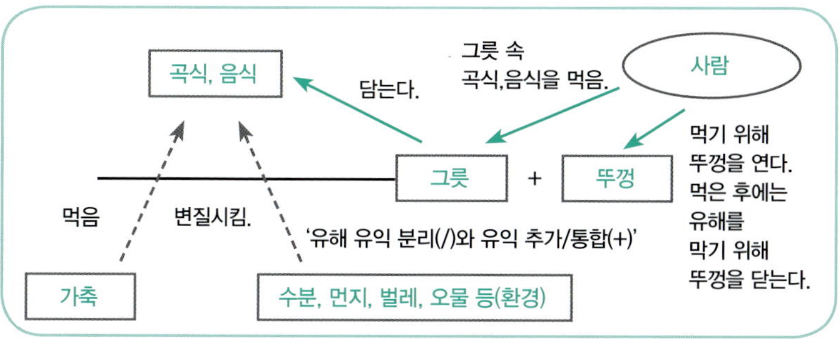

1.4 글의 발명

- 사람들이 말을 하고 있습니다.
- 여기에서 발생하는 문제점은 무엇이고 어떻게 창의적인 해결방안을 찾았을까요?

　‘글의 이용’이 존재하기 이전에 문제라는 것을 구성하는 요소와 그 관계를 그림으로 규명하도록 하겠습니다. 뜻을 전달하기 위해서는 말이 있어야 하고 뜻의 전달의 오류와 공간적 시간적 전달의 한계를 없애기 위해서는 말이 없어야 하는 말의 존재의 모순이 발생합니다.

〈이용전〉

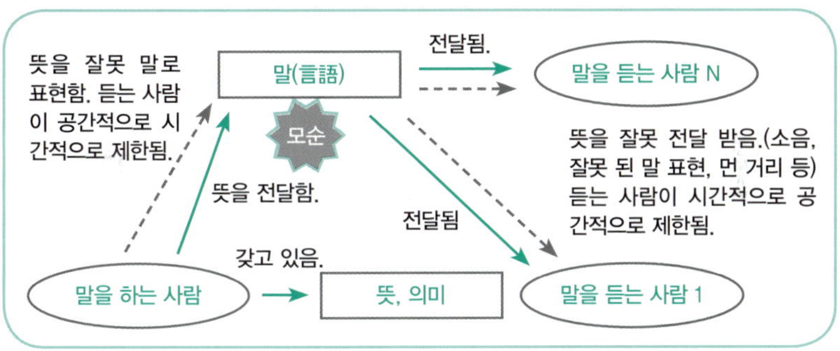

　말의 존재 모순은 말을 통한 뜻의 전달의 과정에서의 유해를 유익으로 바꾸는 다른 방법으로의 변환중에서 시각화를 적용하여 해결하였습니다. 뜻을 신속하게 전달할 수 있는 말을 사용하는 의사소통 방법에서 뜻을 공간적, 시간적 제약을 받지 않는 방식으로 시각화하여, 즉 글로 변환하여 전달하는 방법으로 변환하였습니다. 공간적, 시간적 제약을 받고 왜곡되는 "말을 통한 뜻의 전달"을 "글을 통한 뜻의 전달"이라는 방법으로 변환하여 해결했습니다. 즉 유해한 방식을 유익한 방식으로 반전(→)하였습니다.

〈이용후〉

소리로 표현됨.(청각)
뜻, 의미
말(言語)
'유해의 유익으로의 반전(→)'
글자로
표현됨.
(시각)
표현 오류.
시공간적 제약
청취오류.
시공간적 제약
뜻을 전달함.
글
말을 하는 사람
말을 듣는 사람
시공간적 제약 없이
뜻을 정확히 전달받음.

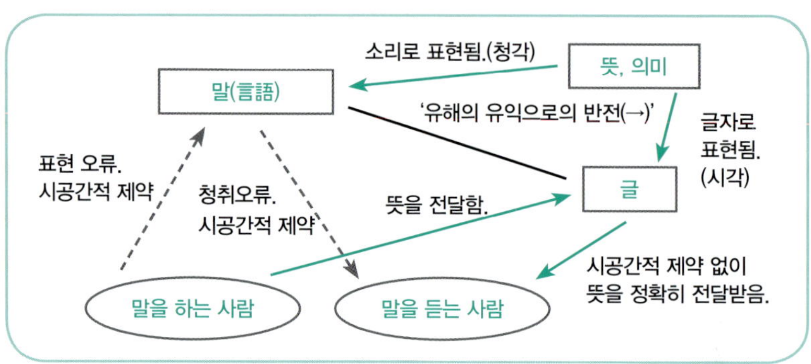

1.5 조면기의 발명

- 목화를 재배하기 시작했습니다.
- 여기에서 발생하는 문제점은 무엇이고 어떻게 창의적인 해결방안을 찾았

  을까요?

방적 기계가 증기 기관의 힘으로 움직이게 되어 작업 능률이 올라가자, 원료인 목화 솜이 모자랄 지경이 되었습니다. 영국에 목화 솜을 팔던 나라는 주로 인도와 이집트였는데, 여기에 미국이 합세했다고 합니다. 그러나 미국의 목화 솜은 인도나 이집트의 목화 솜에 비하여 매우 불리한 점이 있었습니다. 인도 목화 솜과 이집트 목화 솜은 검은 씨 솜이어서 씨를 빼기 쉬웠는데, 미국 목화 솜은 초록 씨 솜이어서 씨를 빼내기가 아주 어려웠습니다. 또한 미국의 목화씨는 섬유와 꼭 붙어 있어 빼내는 데 시간이 많이 걸렸던 것입니다. 미국에서도 검은 씨 솜을 심으면 되지 않겠느냐고 생각할 수 있겠지만, 미국 풍토에서는 초록색 씨 솜밖에 자라지 않았습니다. 미국의 초기 목화 농장은 목화 솜에서 씨를 빼는 데 시간이 오래 걸려서 수익이 좋지 않았다고 합니다. 그래서 처음에는 미국 목화 솜은 인도나 이집트의 목화 솜보다 수출이 잘 되지 않았습니다.

〈이용전〉

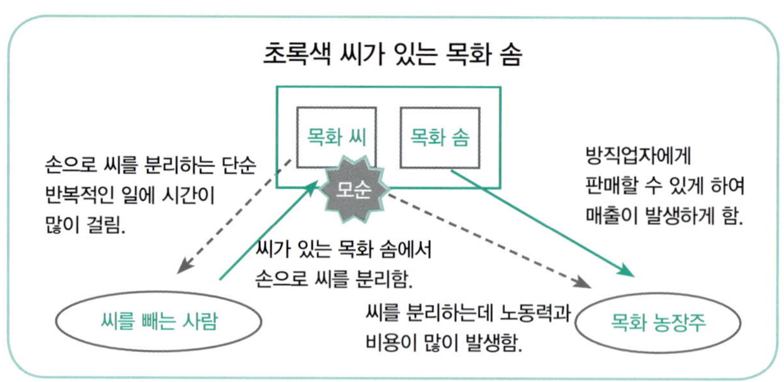

목화 솜에 있는 목화 씨는 수작업으로 씨를 빼는 사람에게는 단순 반복적인 일에 시간을 너무 많이 쓰게 하고 씨를 빼는 사람을 고용한 농장주에

게는 많은 비용을 발생시키게 합니다. 목화 씨의 존재의 모순은 목화 씨의 '유해 유익 분리(/)'로 해결하였습니다.

이에 쉽게 씨를 뺄 수 있는 기계를 역사적으로 많은 사람들이 고안하여 만들었습니다.

1793년 미국의 휘트니는 목화 솜을 계속적으로 빼기 위해 톱날 모양의 이를 가진 원통과 목화씨보다 약간 작은 홈으로 되어 있는 조면기를 고안하였다. 이 조면기는 원통을 회전시키면 원통의 둘레에 박혀 있는 톱날 모양의 뾰족한 철사 끝이 홈 위에 있는 목화 솜을 홈을 통해서 밖으로 계속적으로 뽑아내고, 씨는 목화씨보다 약간 작은 홈 위에 남게 하는 구조로 되어 있습니다.

이 조면기 한 대가 1,000~1,500명분의 일을 해내면서 미국 목화 솜은 훨씬 많은 양을 수출할 수 있게 되었다고 합니다.

〈이용후〉

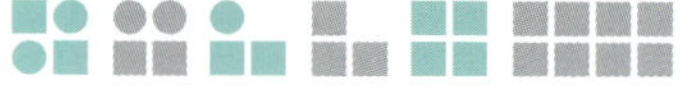

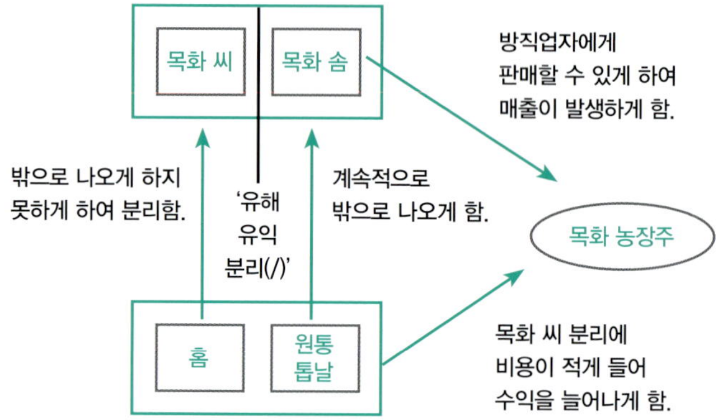
목화 씨
목화 솜
방직업자에게 판매할 수 있게 하여 매출이 발생하게 함.
밖으로 나오게 하지 못하게 하여 분리함.
'유해 유익 분리(/)'
계속적으로 밖으로 나오게 함.
목화 농장주
홈
원통 톱날
목화 씨 분리에 비용이 적게 들어 수익을 늘어나게 함.

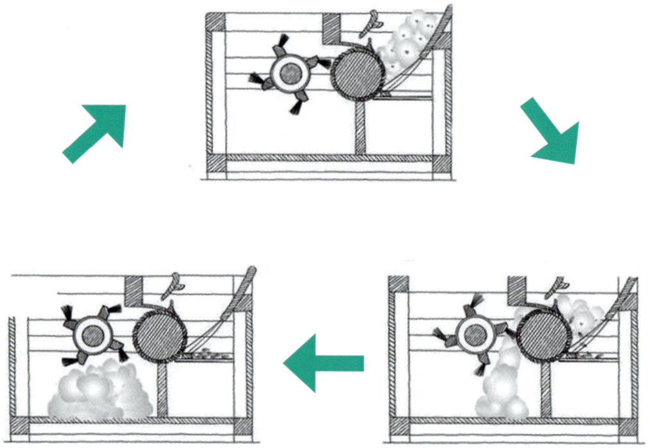

1.6 화물 마차 운송의 변화

- 한 마리의 말이 이끄는 마차로 마부가 짐을 운반하고 있습니다.
- 여기에서 발생하는 문제점은 무엇이고 어떻게 창의적인 해결방안을 찾았을까요?

‘여러 말이 이끄는 화물 마차 운송의 이용’이 존재하기 이전에 ‘한 마리의 말이 이끄는 화물 마차 운송’의 문제라는 것을 구성하는 요소와 그 관계를 그림으로 규명하도록 하겠습니다.

〈이용전〉

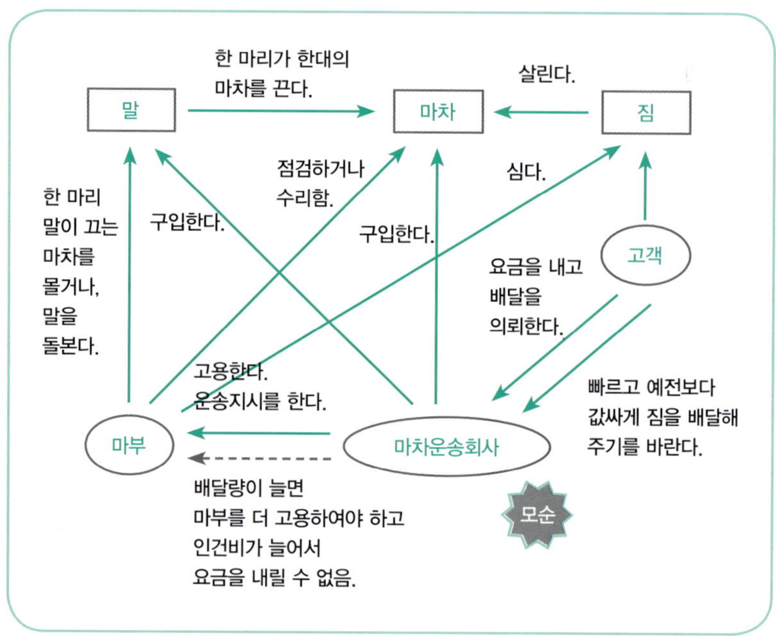

빠르고 경제적으로 짐을 운반하기 위해서는 배달할 짐들이 도착하면 기다렸다가 한 마리 말이 이끌 수 있는 마차에 짐을 가득 채우고 난 후에 정해진 경로로 짐을 배달하면 될 것입니다.

그러나 인구의 증가로 배달해야 할 짐의 배달량이 증가하면 마차운송회사가 증가하게 되고 이러한 방식은 경쟁의 격화로 고객이 요구하는 예전보다 저렴한 운송료를 만족시켜 줄 수 없게 됩니다. 즉 빠른 짐 운반을 위한

이러한 방식은 배달량이 증가하면 운영되는 마차수에 비례해서 마부가 필요하게 되어 마부를 더 고용하여야 합니다.

이로 인해 인건비가 배달물량에 비례해서 발생하므로 마부의 인건비를 인하하지 않는 한 적정 수익률을 보장하기 위해서는 운반 요금을 내릴 수 없습니다.

마부는 말을 부릴 수 있는 기술이 필요하고 고된 노동을 해야 하고 위험에 노출되어 있기 때문에 마부의 인건비의 인하는 마부의 부족을 가져옵니다. 따라서 쉽게 마부의 인건비를 내릴 수 없습니다.

이로 인해서 결국에 마차운송회사에는 빠르게 운송해야 한다는 요구사항과 예정보다 값싸게 운송해야 한다는 요구사항 사이에 모순이 발생하게 됩니다.

이러한 모순으로 인해서 현재의 방식으로는 마차 한 대 분 짐의 일 회 운반에 소요되는 비용을 줄이기는 쉽지 않습니다. 따라서 눈에 보이는 유해한 낭비적인 자원활용을 쉽게 줄일 수 없다면, <u>유익한 기능을 강화/확대(×)</u>해야 합니다. 즉 일 회 운반 시에 한 명의 마부가 한 마리의 말을 몰지 않고 여러 마리의 말을 몰 수 있도록 하고 마차도 그에 맞도록 연결하거나 개조를 하여 마차 운송을 한다면 마차 한 대 분 짐의 일 회 운반의 마부의 인건비가 줄어듭니다.

이렇게 유익한 기능을 강화하거나 확대하는 것을 통해서 우리는 많은 유익을 달성할 수 있습니다.

〈이용후〉

이끈다.
한 마리의 말
한 대의 마차
'유익 강화/확대(×)'
이끈다.
여러 마리의 말
여러 대의 마차 혹은 대형 마차
한 마리 말이 끄는 마차를 몰거나, 말을 돌본다.
여러 마리 말이 끄는 마차를 몰거나, 말들을 돌본다.
마차 한 대 분 짐의 일 회 운반의 마부의 인건비가 줄어듦
마부
마차운송회사

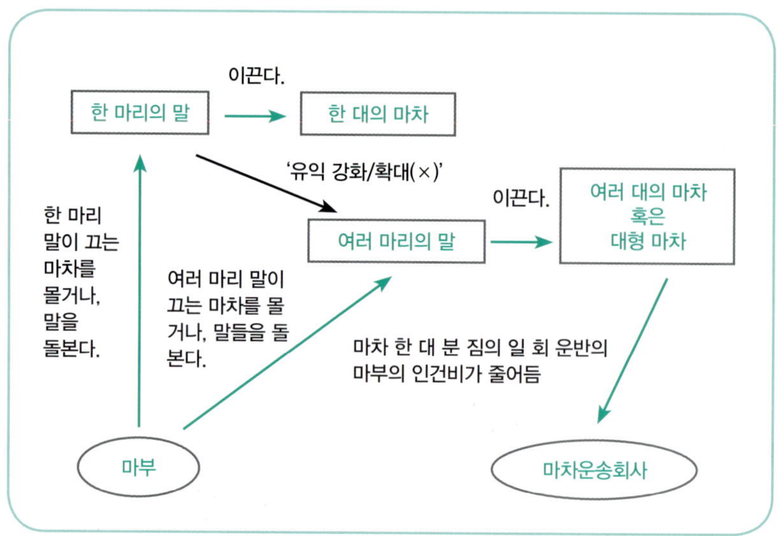

1.7 전륜 구동형 승용차의 발명

- 후륜 구동 자동차가 있습니다.
- 여기에서 발생하는 문제점은 무엇이고 어떻게 창의적인 해결방안을 찾았 을까요?

　'전륜 구동형 승용차의 이용'이 존재하기 이전에 문제라는 것을 구성하는 요소와 그 관계를 그림으로 규명하도록 하겠습니다.

〈이용전〉

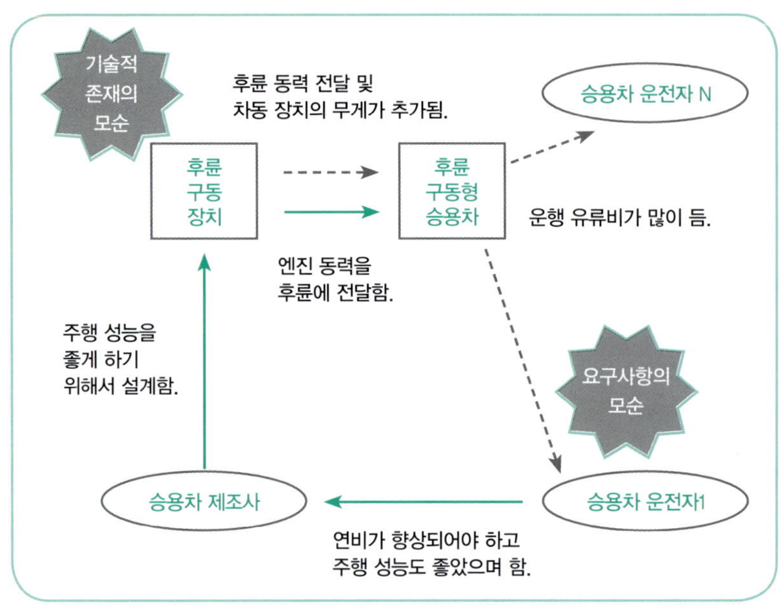

　승용차 앞쪽의 엔진에서 발생한 구동력을 변속장치를 거쳐서 뒷 바퀴에 분배하여 전달하는 방식(후륜 구동방식)은 자동차의 무게중심을 자동차의 중앙에 설계할 수 있어서 고속 주행시 쏠림을 방지하여 그 동안 자동차의 무게와 연비가 크게 문제가 되지 않는 상황에서는 우수한 구조로 인식되어 대부분의 승용차를 이런 방식으로 설계하여 제조하였습니다.

　유한한 유류의 공급 확대보다 빠른 유류의 소비 확대가 발생하여 유류의 가격이 지속적으로 상승하여 연비가 좋은 자동차를 개발해야 할 필요성이 증대되었습니다.

　자동차의 무게를 줄이기 위해서 엔진의 소재 변경 및 흡기 계통의 소재

변경 등을 수십 년간에 걸쳐서 추진하였습니다.

즉 승용차 무게라는 유해를 발생키는 부품의 소재를 같은 기능을 하지만 무게가 가벼운 다른 소재로 변환하여 무게를 감소시켰습니다. 부품 무게의 유해를 소재 변화를 통해 부품 무게 감소라는 유익으로 변환하였습니다.

그러나 이러한 소재변경만으로 자동차의 무게를 줄이기에는 한계가 있었습니다. 특히 내연기관 방식의 승용차에서 필수적으로 필요한 엔진과 변속장치의 무게를 줄일 수 있는 방법은 소재 변경 등을 통해 이미 달성하여 더 이상 감량의 방안이 없는 상황이었습니다.

후륜 구동 방식 승용차에 대한 주행의 안정성과 연비의 향상 아이디어 발상 시에는 후륜 구동 장치의 존재의 모순이 발생합니다.

이러한 상황에서는 꼭 필요하다고 생각하는 핵심적인 중요 요소를 제거(−)하고 전혀 다른 새로운 방식의 요소를 추가(+)하는 방식으로 문제를 창의적으로 해결했습니다.

따라서 후륜 구동 방식 승용차에서 무게를 발생하는 유해한 기능의 후륜 구동 장치를 제거하였습니다. 이 제거된 기능을 대신하여 후륜 구동 장치보다 무게가 가벼워서 연비가 좋아지는 새로운 방식의 유익한 기능을 하는 바퀴 구동 방식의 기능을 추가하게 됩니다. 즉 변속기에서 바로 앞 바퀴로 짧은 거리만을 구동력을 전달하는 전륜 구동 장치를 유익한 기능으로 추가하게 됩니다.

즉 유해 기능을 제거(−)하고 유익하거나 덜 유해한 유익 기능을 추가(+)합니다. 결과적으로 새롭게 추가된 유익한 혹은 덜 유해한 유익 가능의 혜택이 제거된 유해한 기능의 혜택보다 크면 유익하거나 덜 유해한 유익 기능은 채택됩니다.

〈이용후〉

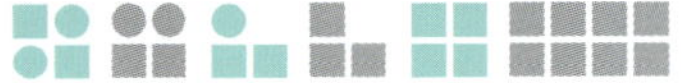

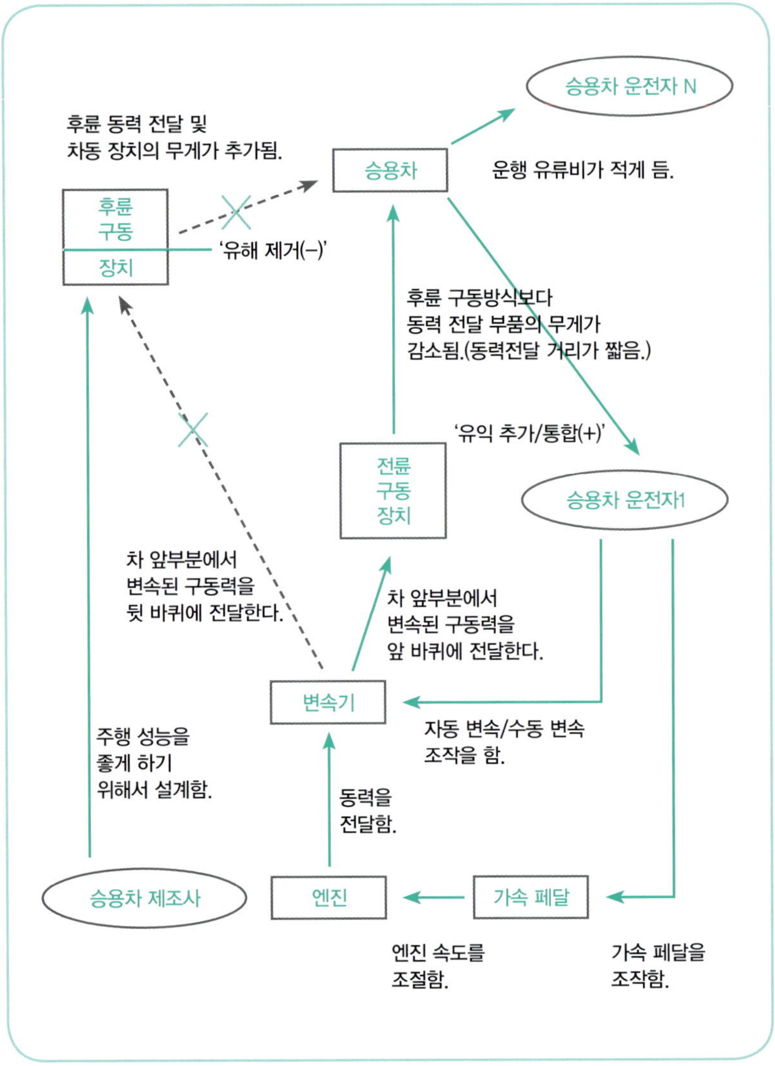
승용차 운전자 N
후륜 동력 전달 및
차동 장치의 무게가 추가됨.
승용차
운행 유류비가 적게 듬.
후륜
구동
장치
'유해 제거(-)'
후륜 구동방식보다
동력 전달 부품의 무게가
감소됨.(동력전달 거리가 짧음.)
'유익 추가/통합(+)'
전륜
구동
장치
승용차 운전자1
차 앞부분에서
변속된 구동력을
뒷 바퀴에 전달한다.
차 앞부분에서
변속된 구동력을
앞 바퀴에 전달한다.
변속기
자동 변속/수동 변속
조작을 함.
주행 성능을
좋게 하기
위해서 설계함.
동력을
전달함.
승용차 제조사
엔진
가속 페달
엔진 속도를
조절함.
가속 페달을
조작함.

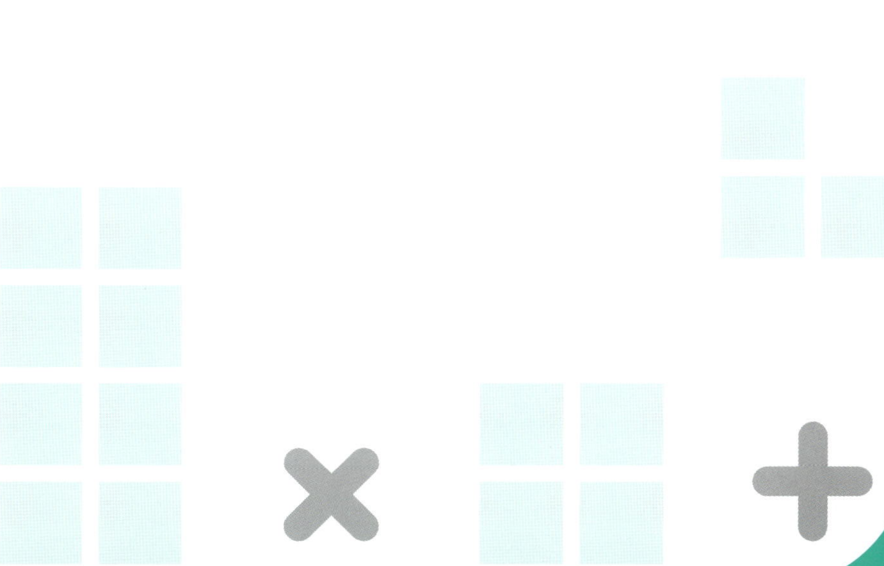

2.
제안 아이디어 만드는 생각의 습관

지금까지는 아무런 문제가 없다 하더라도 시간이 지나가면서 문제점이 심각하게 부각되기도 하고 이해관계자들의 새로운 요구사항이 나타나기도 합니다. 또는 주변 환경이 변화하기도 하여 예전에는 문제가 안 되던 것들이 심각한 문제가 되기도 합니다.

예를 들자면 지구온난화와 같은 문제는 심각한 문제로 인식되기까지는 상당한 시간이 걸렸지만 이로 인한 기후변화로 홍수 피해와 가뭄 피해와 생태계 변화와 식량 문제 등이 발생하고 있습니다. 지구 온난화와 같은 문제는 경제 발전과 같은 문제와 연관되어 있어서 어느 한 나라의 노력으로 해결될 수 있는 것이 아니며 피해도 전 지구적으로 발생하고 있습니다. 이렇게 어려운 문제부터 개인적으로 생각하여 해결할 수 있는 문제까지 다양한 문제는 지금까지와는 전혀 다른 창의적인 해결방안을 만들기를 우리에게 요구합니다.

앞장에서는 지금까지 인간의 위대한 발명이라고 생각되는 발명품에 대해서 발명품 이용 이전에 존재하는 문제점을 '문제점 기능 요소 시스템 분석'을 통해 문제점을 둘러싼 유익 기능의 영향과 유해 기능의 영향의 연관 관계를 규명하였습니다. 이를 통해서 문제점 속에 내재된 모순을 찾아냈으며 이러한 모순을 극복하기 위해서 어떻게 창의적인 생각을 하여 문제를 해결했는지를 살펴 보았습니다. 또 어떤 효과가 있었는지도 살펴보았습니다.

이 과정에서 우리는 유익과 유해가 명확히 구분되는 경우도 있었으나 문제점이라고 인식하는 부분에서는 유익과 유해가 복잡하게 혼합되어 있거나 모순적으로 상존하는 경우를 목격하였습니다.

이에 문제점을 해결하기 위해서는 먼저 유해와 유익을 분리하는 것을 제일 먼저 생각한다는 것을 발견하였습니다. 다음으로 발견된 유해를 제거하기 위해서 생각한다는 것을 발견하였습니다.

쉽게 제거되지 않은 유해는 그 유해전체를 유익으로 바꾸거나 덜 유해하게 만들어서 덜 유해한 만큼을 유익으로 바꾸기 위해서 생각한다는 것을 발견하였습니다.

일단 유해가 없다고 판단이 들면 유익을 추가하거나 통합하기 위해서 생각한다는 것도 알아내었습니다.

마지막으로 유익한 작용의 속도나 시간단축이나 규모 확대 등을 통해 유익의 강화를 하기 위해서 생각한다는 것도 발견하였습니다. 결국 제안 아이디어는 '유익한 영향을 만드는 유익한 기능을 극대화하고 유해한 영향을 만드는 유해한 기능을 극소화 하도록 하는 생각'이라는 것을 알 수 있었습니다.

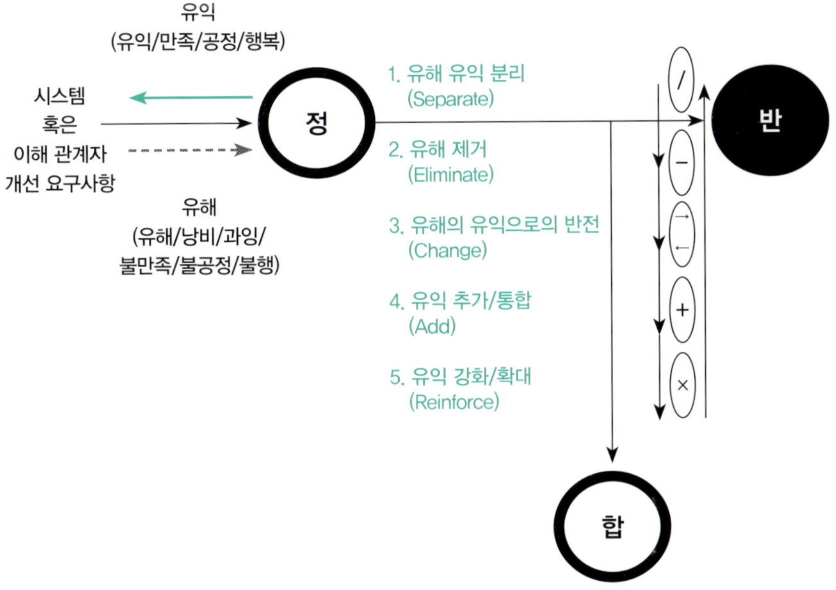

▌ 〈그림3〉 제안 아이디어를 만드는 생각의 순서 ▌

그렇다면 창의적인 아이디어를 만드는 원리를 보다 체계적으로 명확화 한다면, 제안 아이디어가 필요한 때에 이를 쉽게 자유자재로 활용할 수 있을 것이고, 창의적인 해결방안의 아이디어를 신속하게 생각할 수 있을 것입니다.

모순을 해결한 새로운 방법이란 지금과는 다른 방법을 의미합니다. 따라서 유익한 영향을 만드는 유익한 기능을 극대화하고 유해한 영향을 만드는 유해한 기능을 극소화 할 수 있는 다른 새로운 아이디어를 생각해내고 새로운 방법의 문제점을 검토한 후에 기존 것과 통합해야 할 것입니다.

이러한 관점에 따라서 지금까지의 분석을 토대로 유익한 영향을 만드는 유익한 기능을 극대화하고 유해한 영향을 만드는 유해한 기능을 극소화 하도록 창의적인 생각을 만드는 5가지 원리 각각을 부연하여 간략히 설명하자면 아래와 같습니다.

첫째, 각 기능요소에 유익한 기능과 유해한 기능이 혼합되어 있는지를 살펴서 유익한 기능과 유해한 기능으로 기능요소를 분리하여 다시는 혼합되지 않도록 분할되도록 관리하는 것이 필요합니다. 하나의 기능요소에 유익한 기능과 유해한 기능이 혼합되어 있으면 그 기능요소의 존재의 모순이 발생하게 됩니다.

둘째, 유해한 기능을 제거할 수 있는지를 생각하게 됩니다. 하는 일 중에서 목적에 부합하지 않는 필요 없는 일을 제거하는 것이 좋습니다. 일을 제거하는데 돈이 필요 없다면 즉시 해야 할 것입니다. 남은 인력에게는 부가가치가 있는 일이나 값 비싼 비용을 들여서 외부에서 하던 일을 하도록 하면 좋을 것입니다.

셋째, 지금까지의 해결방안을 적용했을 때 추기적으로 문제점을 발생시키는 유해한 기능 혹은 기존에 존재한 유해한 기능을 쉽게 제거하거나 획기적으로 감소시킬 수 없을 때는 유해한 기능을 제거하거나 감소하려 하지 말고 그들과 공존할 수 있는 방안을 생각해야 합니다. 즉 유해한 기능을 유익한 기능으로 전환할 수 없는지를 생각해야 합니다. 어려운 문제의 대부분의 창의적인 생각은 바로 이 단계에게서 만들어지게 됩니다.

우선 유해한 기능을 이해하고 유해한 기능과 대결하여 해결하려고 하지 말고 직접 싸워서 이기겠다는 마음을 비우고 싸우지 않고 이기거나 상생하거나 유해를 유익으로 반전시키겠다는 생각으로의 전환이 필요합니다.

이해관계자의 입장과 환경의 관점에서 다시 생각하여 유해한 기능에서 유익한 기능을 줄 수 있는 여지를 생각해 보는 것이 필요합니다. 이렇게 생각을 하려면 '나' 혹은 특정 이해관계자의 입장에서가 아니라 여러 이해관계자의 입장이나 환경의 입장에서 문제점을 보는 훈련이 필요하고, 모두가 상생할 수도 있다는 믿음을 생각하는 것이 필요합니다.

나에게는 유해하지만 다른 이에게는 유익할 수도 있습니다. 지금의 방법은 유해하지만 전혀 다른 방법 혹은 정반대의 방법은 유익하거나 덜 유해할 수도 있을 수 있습니다. 많은 이해관계자가 문제에 관여된 경우에는 많은 이해관계자의 입장 차이에 의한 갈등을 정확히 정의하다 보면 서로 양보와 타협으로 전체의 유해가 전보다 적어 질 수도 있을 것입니다.

넷째, 유익한 기능을 추가하거나 유익한 기능을 하는 기능요소들을 통합하여 하나의 기능요소로 만들 수 있는지를 생각합니다.

다섯째, 유익한 기능의 속도와 품질을 강화하거나 적용 범위를 확대할 수 있는지를 생각합니다.

이러한 순차적인 5가지 원리에 의한 아이디어 발상은 한번의 사이클로 끝나지 않는 경우가 많습니다. 왜냐하면 한가지 문제의 해결은 또 다른 문제를 즉시 생성하는 경우도 있고 잠재적인 문제가 생성되지만 아무도 모르고 있다가 미래에 문제가 표면화 되는 경우도 있고 내부적으로 세밀하게

분석하다 보면 내부의 복잡한 관계가 나중에 파악되는 경우도 있기 때문입니다. 따라서 문제의 해결은 위해서는 순차적인 5가지 원리에 의한 아이디어 발상의 사이클을 한 번 이상 진행하면서 〈그림4〉와 같이 아이디어를 발상하면 효율적입니다. 여기에서 원형은 유해한 영향 혹은 유해한 기능요소를 나타내고, 정사각형은 유익한 영향 혹은 유익한 기능요소를 나타냅니다. 하나의 기능요소는 내부에 서로에게 유익한 영향 혹은 유해한 영향을 주는 기능요소들로 구성되어 있습니다.

쉽고 빠르고 정확하게 제안 아이디어를 만드는 5가지 원리 각각에 대해서 사례를 들면서 어떻게 적용할 수 있는 지를 앞으로 설명하도록 하겠습니다.

앞으로는 시대에는 모든 일을 하는데 창의적 지적 노동이 더 많이 필요할 것입니다. 이 창의적 지적 노동의 생산성은 쉽고 빠르고 정확하게 제안 아이디어를 만드는 능력과 결과의 신속한 구현에 의해서 차이가 날 것입니다.

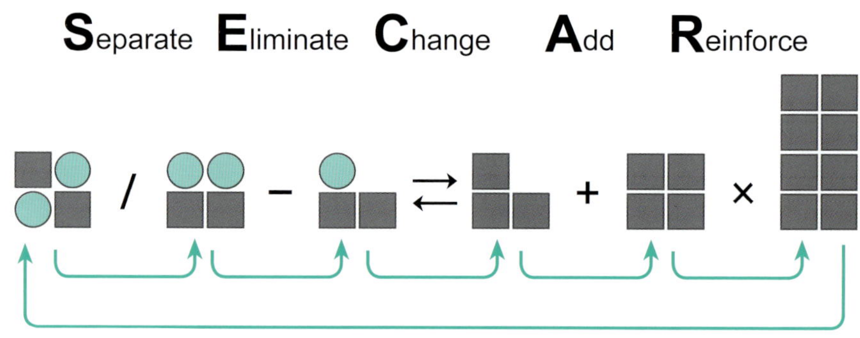

‖ 〈그림4〉 SECAR의 도식화 ‖

3.
제안 아이디어를 만드는 5가지 원리

3.1 유해 유익 분리

각 기능요소들에 유익한 기능과 유해한 기능이 혼합되어 있는지를 살펴보고 유익한 기능과 유해한 기능으로 기능요소들을 같은 특성을 갖는 종류별로 세부적으로 분리한다는 생각은 우리 생활에서 쉽게 찾아 볼 수 있습니다.

이러한 생각이 적용된 인간의 발명물은 우리 주변에서 매일 매일 볼 수 있습니다. 원시시대의 집은 입구가 항상 열려 있어서 집안으로 쉽게 들어가서 쉬거나 일을 하고 나올 수 있는 유익을 주었습니다. 그러나 외부의 침입자나 동물의 주거 침입의 유해를 막을 수는 없었습니다. 항상 열려 있는 입구의 유해를 막기 위해서 유해한 공간과 유익한 공간의 분리할 수 있는 문이라는 것을 발명하여 사용하여 유해한 영향을 막았습니다.

그러면서 집 내부 시설의 사용이 승인된 사람들이 집안으로 쉽게 들어가서 쉬거나 일을 하고 나올 수 있는 유익까지 없어지는 것을 막기 위해서 집 내부 시설의 사용이 승인된 사람들이 집안으로 쉽게 들어가서 쉬거나 일을 하고 나올 수 있도록 '시건 장치'가 있는 문이라는 창의적인 발명물을 발명하여 지금은 아무렇지도 않게 거의 모든 사람이 사용하고 있습니다. 즉 책의 뒷부분에서 언급할 유익의 추가와 통합이라는 제안 아이디어의 원리를 적용하여 사건 장치라는 유익한 기능을 추가하여 문에 통합한 것입니다.

우리가 매일 보게 되는 인도와 차도와 철도도 이러한 원리가 적용되어 있습니다. 그래서 서로 반대 방향의 사람이나 차 나 기차 등이 충돌하지 않도록 중앙선을 만들어서 다니도록 하였습니다. 또한 사거리 등에서는 서로 부딪치지 않게 하려고 시간적으로 공간을 분리하는 신호등이나 공간적으로 도로를 분리하는 입체교차로를 사용하고 있습니다. 우리가 매일 쓰는 무선 통신의 스마트폰도 주파수라는 물리적 공간을 분리하고 같은 주파수에서의 기지국과 단말기들간의 통신도 미세하게 분리하여 순번을 정하여 고속으로 통신하여 기지국에서 많은 스마트폰 단말기와 충돌없이 통신할 수 있었습니다. 아직도 워키토키를 쓰면 이러한 분리를 보장하지 않아 같은 주파수를 쓰는 단말기간에 통신 보안이 취약합니다.

쌀이나 밀의 수확과정에서 돌이 들어 갈 수 있습니다. 따라서 수확된 쌀이나 밀에서 유해한 기능을 하는 돌을 분리하지 않으면 음식물을 섭취하는 과정에서 치아와 몸에 좋지 않은 문제를 발생시키게 됩니다. 따라서 돌을 분리하기 위해서 가장 간단하게 눈과 손을 이용하여 돌을 골라내는 작업을 하기도 하였습니다. 그러나 이러한 방법은 많은 시간이 필요하게 되기도 하고 사람은 실수를 할 수 있게 때문에 정확하게 모든 돌을 골라낼 수 없어서 돌과 곡물의 밀도 차이를 이용하여 분리할 수 있는 키나 돌 고르는 기계를 만들어 사용하기도 합니다. 또한 사람들은 수확과정에서 흙이나 이물이 묻은 과일이나 감자나 고구마 등을 물로 씻어서 흙이나 이물을 분리하기도 합니다.

일단 분리된 기능요소는 다시 혼합되지 않도록 분할되도록 관리합니다. 도정이 끝난 쌀을 쌀부대에 분할하여 담고 식별할 수 있도록 표기하여 보관 관리하는 것입니다. 도정 시에는 쌀만이 분리되는 것이 아니라 쌀눈이나 쌀겨도 분리됩니다. 쌀겨를 폐기해야 하는 경우는 쌀과 마찬가지로 부대에 분할하여 담고 식별할 수 있도록 표기하여 보관 관리하는 것입니다.

사람들이 자연에서 채취하는 거의 모든 자원 즉 광물자원, 곡물자원, 석유자원, 물 자원 등에는 유해한 영향을 미치는 불순물이라는 유해한 기능요소가 포함되어 있습니다. 이에 따라서 자원에 혼합된 유익한 기능요소와 유해한 기능요소의 물리적 화학적 전기적 특성의 차이를 활용하여 유익한 기능요소도 같은 성질을 갖는 것을 종류별로 분리하고 유해한 기능요소도 같은 성질을 갖는 것을 종류별로 분리하였으며, 각각을 분할하여 보관하고 목적에 따라 사용했습니다.

3.1.1 지하철 정차 시 문제

지하철의 열차가 승객을 내리고 태우기 위해서 역에 정차할 때 자살과 실족에 의해서 선로로 사람이 미리 떨어지는 인명 사고가 발생하는 것이 증가하고 있습니다. 지하철역의 지하역에서는 열차의 정차시에 바람과 먼지와 소음이 발생합니다.

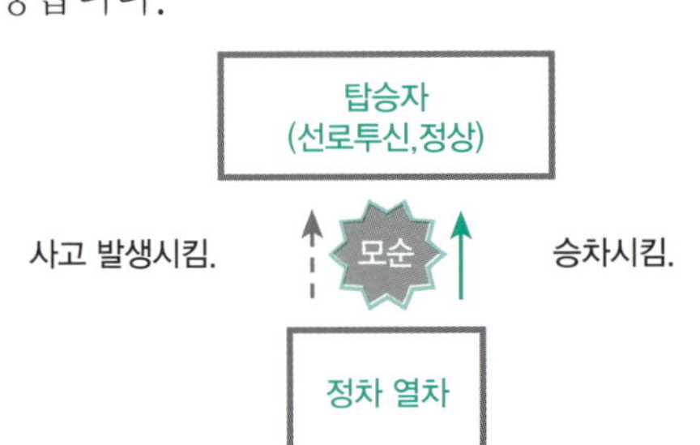

　선로 투신자의 발생을 완벽하게 방지하기 위해서는 지하철의 열차 진입 시에 탑승자가 없어야 합니다. 그러나 승객 수송을 위해서는 지하철의 열차 진입 시에 탑승자가 있어야 합니다. 열차의 진입시의 탑승자의 존재의 모순은 열차의 진입 시에 선로 투신할 수 있는 탑승자에게서 유해를 줄 수 있는 움직이는 열차를 분리하는 것으로 문제를 해결할 수 있습니다.

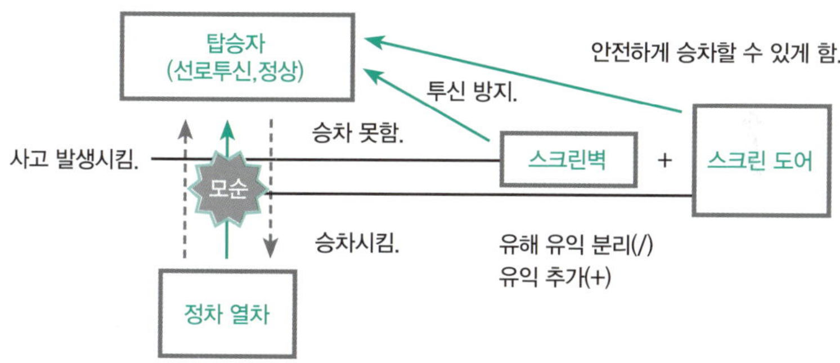

▮ 스크린 벽과 스크린 도어 ▮

1. 선로 투신 사고율 0%
2. 공기질 35.5% 향상
3. 소음 7.9% 감소
4. 냉방에너지 36% 절감

3.1.2 일체형 칼러 프린터 잉크통

초기의 개인용 잉크젯 프린터는 거의 모든 제품을 저가형 제품으로 판매를 하고 교체 정품 잉크를 팔아서 제품의 수익을 회수하는 방식으로 비즈니스를 전개하였습니다. 따라서 프린터 개발회사는 컬러 잉크를 자주 교체해야 수익이 향상될 수 있으며, 잉크통의 제품구조도 간단해야 개발과 제품의 원가를 절감할 수 있었습니다. 그래서 컬러 잉크통도 한꺼번에 3가지 색을 교체하는 일체형으로 개발하여 생산하고 공급하고 있었습니다.

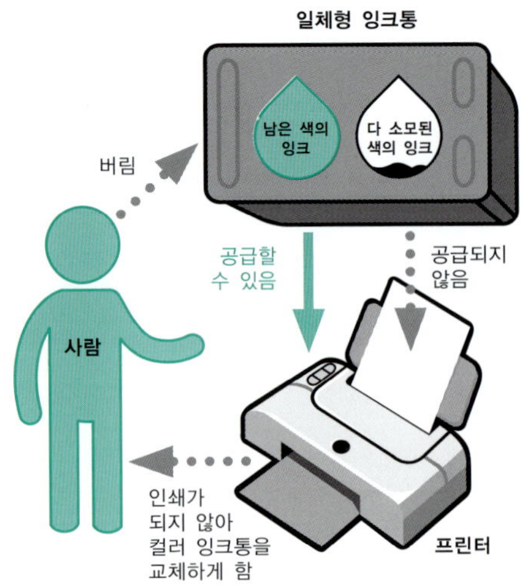

　일체형 칼러 프린터 잉크통의 문제점은 청색 잉크, 적색 잉크, 황색 잉크가 모두 같이 거의 소모되지 않고, 인쇄했던 문서에 따라서 남은 색의 잉크가 있는 상태에서도 다 소모된 색의 잉크 때문에 더 이상 칼러 인쇄를 할 수 없다는 유해가 발생한다는 것입니다. 결국 다 소모된 색의 잉크 때문에 더 이상 완전한 칼러 인쇄를 할 수 없어서 잉크통을 교체하면서 버려야 한다는 유해가 발생하게 됩니다. 즉, 자원의 낭비가 발생하게 됩니다. 이러한 문제는 유익을 발생시키는 남은 색의 잉크와 유해를 발생시키는 다 소모된 색의 잉크를 별개로 분리하여 각각 사용할 수 있게 하면 해결됩니다.

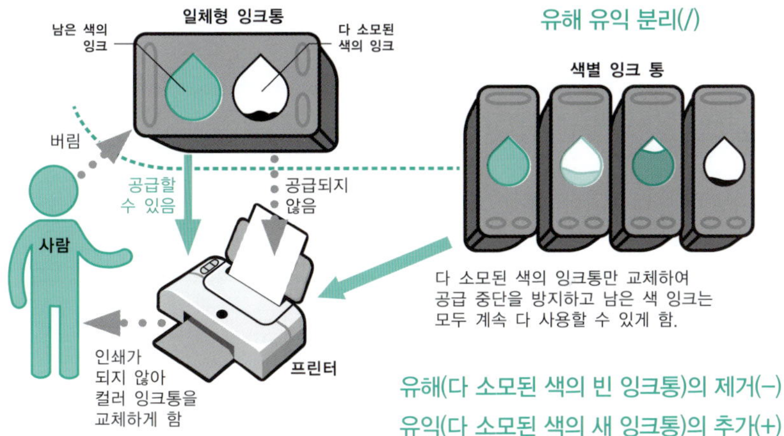

▌ 색별 분리 잉크통 ▌

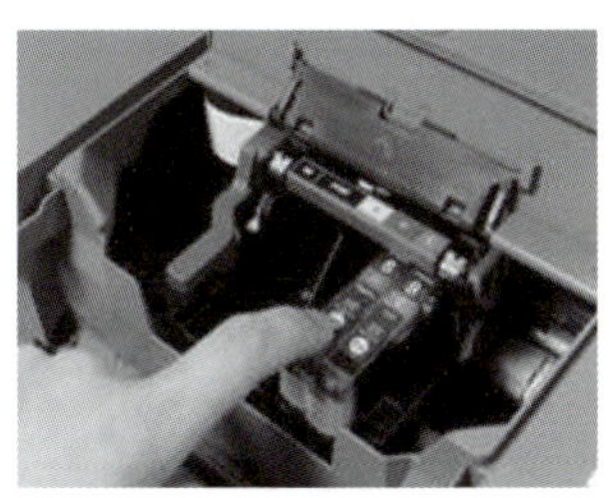

3.1.3 비행기 바퀴

　　비행기가 땅에서 움직이거나 이륙하기 위해서는 비행기 바퀴가 있어야 합니다. 그러나 이륙 후에는 비행기 바퀴가 공기저항을 발생시켜서 비행기의 연비에 좋지 않은 영향을 미칩니다. 즉 비행기 바퀴는 비행 중이 아닐 때에는 있어야 하고 비행 중일 때는 없어야 하는 존재의 모순이 발생하게 됩니다.

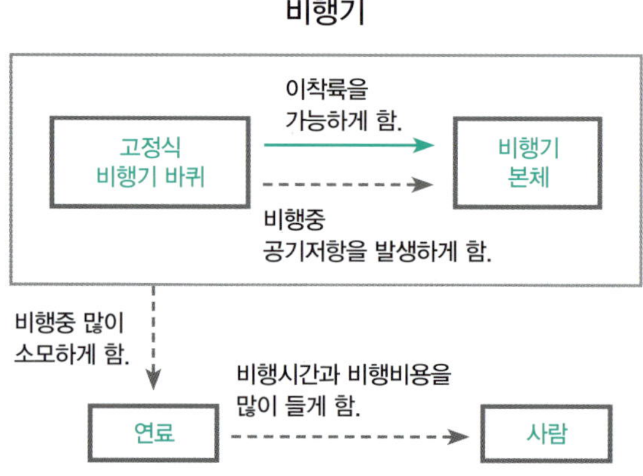

　이러한 존재의 모순에서 비행비용과 비행시간의 증가시키는 유해가 비행기의 바퀴 때문에 발생하므로 비행기 본체에 고정된 비행기 바퀴를 비행기 본체에서 분리하는 개념과 필요에 따라서 바퀴를 쓸 수 있게 하는 기능을 추가하여 문제의 해결 실마리를 찾았습니다.

　즉, 비행 중에는 분리된 바퀴가 본체의 속으로 들어가서 바퀴에 의한 추가적인 공기저항이 발생하지 않도록 하고 선상이나 육지에서의 이동이나 보관이나 이착륙 중에는 분리된 바퀴를 쓸 수 있게 하는 바퀴 접이식 장치를 추가하여 문제를 해결하였습니다.

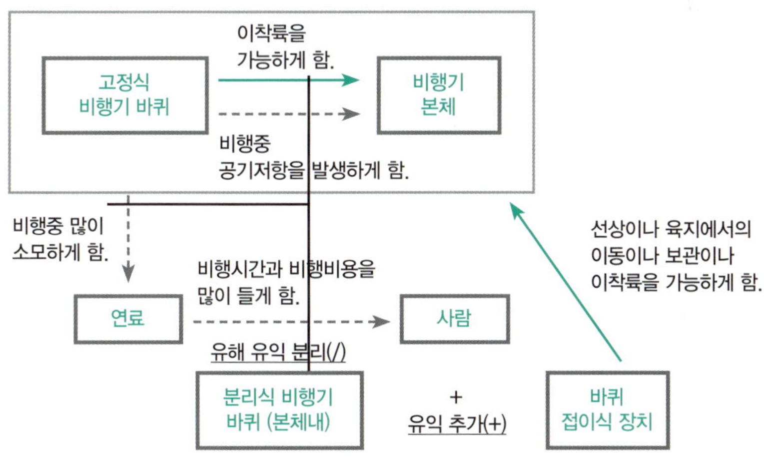

▌ 접이식 바퀴 ▌

3.1.4 워키 토키

워키토기는 같은 주파수를 이용하여 쉽게 통신을 할 수 있는 무선 통신 휴대 장치입니다. 주로 근거리에서 사용하기 때문에 별도의 통신망 장치가 필요가 없고 휴대 송수신 무선 단말기 2대 이상만 있으면 통신이 됩니다. 그리고 누구나 허가 없이 무선 공중파의 일정 대역의 주파수를 사용하기 때문에 별도의 전파 사용료를 내지 않아도 됩니다. 그래서 통신 보안이 중요하지 않은 근거리 무선 통신이 필요한 곳에서 통신비용을 줄이기 위해서 많이 사용됩니다.

그러나 이렇게 경제적인 워키토키도 통신 보안이 구조적으로 취약하여 같은 주파수를 사용하는 워키토키의 무선통신을 원하지 않는 소유자와의 혼선이 발생하게 됩니다. 그리고 사용자가 늘어나면 이러한 현상은 더욱 빈발하여 통신이 곤란할 지경까지 될 수 있습니다.

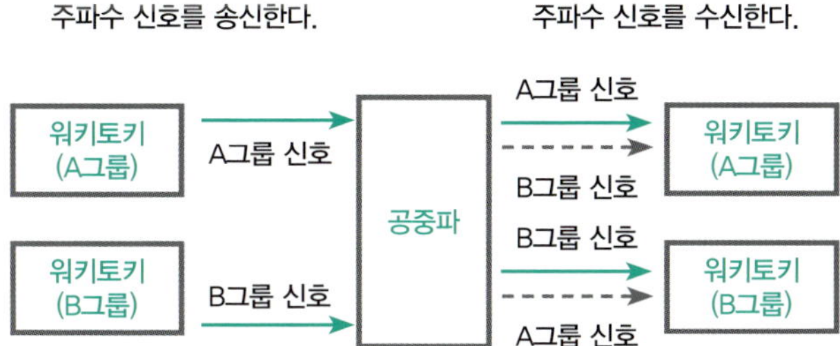

워키토기는 무선 통신을 하기 위해서는 공용의 무선 주파수를 사용해야 하고 혼신을 방지하기 위해서는 공용의 무선 주파수를 사용하지 말아야 합니다. 즉 무선 주파수가 유해와 유익을 동시에 제공하는 모순을 발생시키고 있습니다.

그런데 사람들이 들 수 있는 가청 주파수의 아날로그 음성 신호만을 디지털 신호로 변환하여 무선 주파수 신호로 보내면 같은 무선 주파수 대역에서 아날로그 음성 신호를 무선 주파수로 보내는 것 보다 더 많은 주파수를 보낼 수 있다는 사실을 디지털 신호 처리 기술과 무선 통신 기술의 발전으로 많은 사람들이 알게 되었습니다. 또한 가청 주파수의 아날로그 음성 신호만을 디지털 신호로 변환하여 적절한 무선 주파수 신호로 보내면 그 무선 주파수에 일부분만으로도 충분히 음성의 디지털 변환 신호를 전송할 수 있다는 사실도 발견하게 되었습니다. 즉 무선 단말들이 시간적으로 구분하여 무선 주파수 신호를 보내면 같은 무선 주파수대에서도 혼선을 방지할 수 있게 되었습니다.

따라서 무선 주파수 대역을 좀 더 세분하여 분리하여 사용하고 같은 무선 주파수도 여러 단말기가 시간을 나누어 통신을 하면 혼신을 구조적으로 방지할 수 있었습니다. 이러한 서비스가 현재의 휴대폰 서비스입니다.

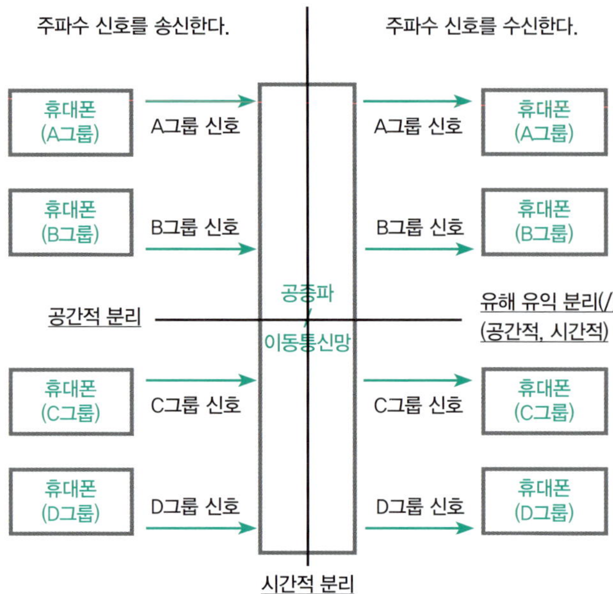
주파수 신호를 송신한다.
주파수 신호를 수신한다.
휴대폰
(A그룹)
A그룹 신호
A그룹 신호
휴대폰
(A그룹)
휴대폰
(B그룹)
B그룹 신호
B그룹 신호
휴대폰
(B그룹)
공종파
이동통신망
공간적 분리
유해 유익 분리(/)
(공간적, 시간적)
휴대폰
(C그룹)
C그룹 신호
C그룹 신호
휴대폰
(C그룹)
휴대폰
(D그룹)
D그룹 신호
D그룹 신호
휴대폰
(D그룹)
시간적 분리

3.1.5 자동차 도로 위의 전차

자동차가 달리는 차도 내에 설치된 전차 궤도를 이용하는 전차는 자동차와 종종 충돌 사고를 일으킵니다. 자동차 운전자나 승객의 입장에서는 전차가 없어야 좀 더 안전해 집니다. 그리고 전차 운전자나 승객 입장에서는 자동차가 없어야 하고 전차만 있어야 좀 더 안전해 진다. 따라서 전치의 존재의 모순이 발생합니다.

이러한 문제는 원래 자동차가 달리는 차도 내에 전차 궤도를 설치하고 그 위를 전차가 달리면서부터 발생하였습니다.

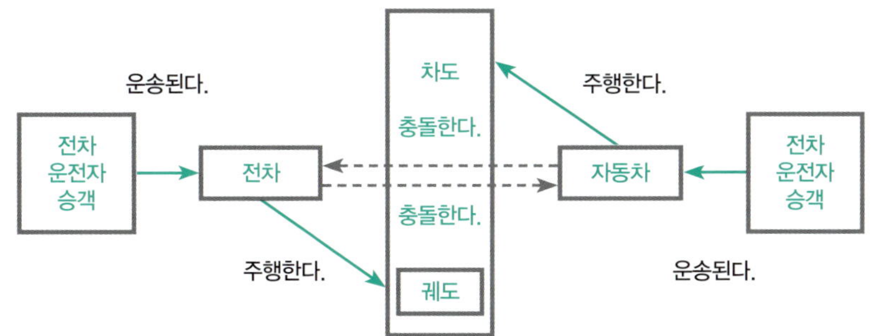

원래 자동차가 달리는 차도로부터 충돌사고의 유해를 발생시키는 원천인 전차와 그 궤도를 분리하면 전차와 자동차의 상호 충돌이 자연이 없어지게 됩니다. 역사적으로 이러한 문제는 차도의 지하에 별도의 공간을 만들어서 전차가 주행하게 하는 지하철을 만들어서 해결하거나 차도의 지상 위에 고가로를 만들어서 소형전차가 주행하게 하는 고가로 모노레일을 만들어서 해결하였습니다.

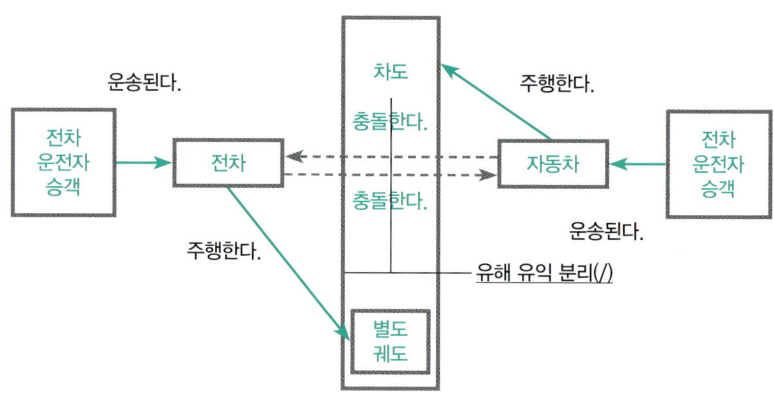

▌ 지하철 ▌   ▌ 고가로 모노레일 ▌

3.2 유해 제거

유해한 영향을 미치는 유해한 기능요소는 제거하는 것이 가장 좋습니다. 매일 매일의 생활에서 쉽게 경험하게 되는 제거할 수 있는 유해한 기능요소는 불필요하고 낭비적인 일과 실수를 하여 다시 하게 되는 일 등이 있을 수 있습니다.

예를 들어 자동차가 2대이고 자동차 보험을 같은 시점에 같은 보험회사에 계약을 체결했다고 합시다. 보험 만기 안내 우편이 오는데 자동차 1대씩에 대해서 각각 1회에 걸쳐서 보험 만기 안내 우편이 총 2회 온다면 당연히 보험 만기 안내를 받는 운전자는 왜 비용이 발생하는 일을 두번씩 하고 있을까 하고 반문할 것입니다. 보험 만기 도래 시에 일정기간 내의 계약자의 자동차 보험 건수를 검색하여 여러 건이 있으면 한 번의 보험 우편 만기 우편에 2건의 계약이 종료 예정이라는 우편물을 넣어서 보내면 단 한 줄의 추가적 인쇄만으로도 쉽게 일을 할 수 있을 텐데 말입니다. 또는 전자우편으로 보내면 인쇄와 우편물의 봉투에 넣기와 우편 배달이라는 물리적 작업을 하지 않아도 될 텐데 말입니다.

그러나 일을 하는 과정을 살펴 보면 이런 일들이 왜 계속해서 발생하는지가 이해될 것입니다.

현대의 거의 모든 업무는 자동화가 되어 있어서 만기시점 전의 일정시점이 되면 자동으로 보험만기 안내 우편물을 인쇄하여 발송하게 됩니다. 인쇄하여 하여 발송하는 업무는 핵심적인 업무가 아니고 반복적인 업무라 외부회사에 맡기기도 합니다.

모든 사람들은 자동화된 시스템을 믿고 아무 의심 없이 열심히 효율적으로 일 한다고 생각하고 각자 맡은 임무를 충실히 합니다. 우편물의 인쇄와 발송을 맡은 외부업체는 보험회사에서 의뢰된 보험 만기 안내 우편물의 발송처에 보험 만기 안내 우편물을 인쇄하여 발송할 것입니다. 보험 회사는 보험 만기 안내 우편물의 발송 내역을 확인하여 우편물의 인쇄와 발송을 맡은 외부업체에 용역비용을 지불할 것입니다.

실제 생활에서 발생하는 유해한 영향을 미치는 일과 그 낭비에는 다음의 것들이 있습니다.

–과잉의 일, 납기를 못 지친 일 : 하지 않아도 되는 일을 과잉으로 하여 그 일의 결과가 결국에 사용되지 않기도 합니다. 미래의 불확실성으로 대비하기 위해서 혹은 의도적으로 과잉의 일을 하는 경우도 있으나 그 불확실성의 정도도 예상하지 못 정도의 일을 과잉으로 하는 것은 낭비입니다. 어떤 때에는 당장은 과잉의 일로 보이나 미래의 세대나 고객에 대한 배려로 긍정적인 효과를 거두기도 합니다. 납기를 지키지 못하는 일의 처리는 신뢰도에 문제를 일으키기도 합니다.

–기다리게 만드는 일 : 준비된 자원의 부족 혹은 고장과 선행 작업의 지연과 계획의 부재 혹은 부정확 등으로 일이 시작되지 못 하거나 중단되면, 다시 일을 할 수 있는 상태까지 기다려야 하는 낭비가 발생합니다. 기다리는 동안에 투입된 자원이나 고객이 부가가치를 생산하지

못 하는 낭비가 발생합니다.

-일 처리 과정의 중간에 대기 고객(서류/물건)을 과다 허용하는 일과 사용되지 않고 있거나 사용계획이 없는 자재나 설비나 인력을 투입하는 일 : 일련의 일 처리 과정의 중간단계의 대기 고객(서류/물건)의 과다 허용은 고객의 평균 일 처리 시간을 증가시켜서 불만을 증가시킬 수 있습니다. 부가가치를 만들지 않은 자원의 투입은 재무적 부담을 증가시킵니다.

-하지 않아도 되는 일: 부가가치를 만들어 내지 않기 때문에 하지 않아도 되는 일을 하는 낭비가 있습니다. 고객이나 다른 이해관계자의 만족을 얻지도 못 하고 내부의 효율성이나 공정성에도 기여를 하지 않는 일은 즉각 하지 말아야 합니다.

-움직이는 일 : 이동이나 움직임이 지나치게 많은 일은 일 처리 시간을 증가시킵니다. 부가가치 있는 일을 통합 처리 하거나 연속 흐름 방식으로 하면 이러한 움직임의 낭비를 제거할 수 있습니다.

-세부적인 동작이나 절차에 낭비가 있는 일 : 일의 처리과정에서 하지 않아도 되는 비 부가가치적인 일을 하는 경우가 많이 있습니다. 일의 세부적인 동작들이나 절차들이 일의 목적에 어떤 기여를 하고 어떤 역할을 하는 지를 생각해 본다면 낭비적인 동작과 절차를 제거할 수 있을 것입니다. 세부적인 동작들이나 절차를 하지 않는다면 어떤 일이

일어나지를 살펴보고 비용과 노력이 많이 들어가는 낭비적인 동작들과 절차들을 생략한다면 일을 쉽고 편하고 저비용으로 할 수 있을 것입니다.

–같은 일을 처음부터 다시 해야 만 하는 일 : 우리가 생활에서 경험하게 되는 많은 낭비적인 일은 바로 실수로 인해서 다시 하게 되는 일입니다. 자동차 열쇠나 지갑을 가지고 오지 않아서 다시 가지러 가게 되는 일은 종종 경험하게 됩니다. 안경이나 스마트폰이나 카메라이나 가방 등은 잃어 버리기도 합니다. 잃어 버린 물건을 찾기 위해서 다시 갖던 길을 다시 가는 일이 발생하기도 합니다. 다행이 찾으면 하지 않아도 되는 일만 한 것으로 끝나지만 찾지 못 하는 경우에는 금전적인 손실을 입기도 하고 재해가 발생하기도 합니다.

이렇게 종종 실수로 인해서 발생하는 하지 않아도 되는 일을 하게 되는 것은 이동을 하기 전에 물건을 점검하는 일이 전체 일의 표준 절차에 정확하게 없거나 철저하게 지키지 않기 때문입니다. 우선 앞으로 할 일은 무엇이고 이 일을 구체적으로 어떻게 할 것인지를 생각하고 이를 위해서 필요한 물건을 생각하고 현재 그것을 가지고 있는 지를 점검하여 부족한 것을 차분히 미리 챙기는 버릇이 몸에 베어 있으면 실수는 줄어들 것입니다.

경우에 따라서는 일하는데 필요한 물건의 리스트를 눈으로 볼 수 있도록 정리하여 놓아 쉽게 볼 수 있으면 실수를 줄일 수 있을 것입니다. 필요한 물건이 있어서 시장에 가는 경우에도 필요한 물건의 종류가 많은 경우에 잘 정리한 리스트를 가져가지 않으면 필요한 물건을 사지 못하고 빼 놓고 오기도 합니다. 이렇듯 일의 표준절차를 눈으로 볼 수 있게 하고 반드시 지키면 좋을 것입니다.

위에서 언급한 이러한 낭비적인 요소는 지속적으로 이해 관계자 전원의 참여로 제거시켜야 할 것입니다. 또한 이해관계자간의 갈등은 협상과 타협으로 해결해 나가는 것이 필요합니다.

이러한 문제가 발생하지 않기 위해서는 우선 업무의 설계 단계부터 낭비적인 일이 없는 지를 점검하여 개선해야 한다는 것입니다. 자동화와 무인화의 맹신에서 벗어나야 합니다. 그리고 업무의 반복적 수행과정에서 모든 이해관계자의 개선요구사항을 끊임없이 듣고 지속적으로 개선을 추진할 수 있는 체계와 시스템을 구축해야 한다는 것입니다. 즉 완벽한 시스템을 만들고자 하는 목표를 설정하고, 지속적으로 목표의 달성도와 실행 노력의 평가 및 공유를 주기적으로 실시하고, 이해관계자 전원의 참여를 이끌어낼 수 있는 동기부여의 관리와 제안제도의 운영이 필요합니다.

최근에는 많은 제조 현장과 물류/유통 현장과 서비스 현장에서 자동화로 인하여 자동화 설비를 사용하고 있습니다. 이러한 많은 자동화 설비들은 사람의 행동을 모방하여 만들어졌습니다. 설비는 기본적으로 6가지 계통의 부품으로 구성되어 있습니다.

첫째 사람의 뼈대와 같은 역할을 하는 설비의 본체 및 체결 계통의 부품이 있습니다.

둘째 사람의 근육과 같은 역할을 하는 설비의 동력의 구동/전달/운동 계통의 부품과 설비의 공기압 계통의 부품과 설비의 유압 계통의 부품의 3가지 계통의 부품이 있습니다.

셋째 사람의 피와 같은 역할을 하는 설비의 윤활 계통의 부품이 있습니다.

넷째 사람의 뇌와 신경전달과 감각기관의 역할을 하는 전기장치 및 제어 계통의 부품이 있습니다.

이러한 자동화 설비는 본래 설계의 목적에 맞게 기본조건을 지키면서 사용하여야 합니다. 사용의 환경이 원래 설계 시에 고려되지 않았다면 많은 설비 불합리를 만들어 냅니다. 또한 사용의 부하조건이 설계 시에 충분히 고려되지 않았다면 과부하 상태에서 설비를 사용하게 되어 많은 설비 불합리를 만들어 냅니다. 설비의 설계와 제조시의 규격 및 공차 등의 치수와 재질과 구조와 작동방식 등에 문제가 있으면 설비 사용시에 많은 설비 불합리를 발생시킵니다. 또한 설비의 현장 설치 시에 제대로 설치하지 않으면 많은 설비 불합리를 발생시킵니다. 설비 사용시 설비의 기본조건인 이물의 청소와 마찰을 감소시키는 윤활유의 급유와 체결 부위의 조임을 제대로 하지 않으면서 사용하게 되면 또한 많은 설비 불합리를 만들어 냅니다. 또한 설비를 장기간 사용하게 되면 자연적인 열화로 인한 설비의 불합리가 발생합니다.

설비와 관련된 불합리라는 유해는 항상 발견하여 선제적으로 설비를 개선하여 제거해야 합니다. 제거해야 할 설비의 불합리를 8가지로 분류하면 아래와 같습니다.

첫째, 이물의 청소와 마찰을 감소시키는 윤활유의 급유와 체결 부위의 조임을 제대로 하지 않는 기본조건 미비의 불합리입니다.

둘째, 사용조건 미비의 불합리입니다. 설비가 사용목적을 수행함에 있어서의 '설비가 올바르게 작동하는 조건'을 이탈 하였거나 지켜지지 않는 결함을 말합니다. 만약에 이들이 설비의 설계 시에 사용현장을 충분히 고려되지 않아서 발생했다면 설비를 설계를 보완하여 개조해야 할 것입니다.

셋째, 청소/급유/점검/정비 등의 수행할 때 이를 곤란하게 하는 곤란개소 불합리입니다.

넷째, 열화에 의해서 발생하는 열화 불합리입니다. 열화는 설계조건과 사용조건의 불일치로 인한 설비 사용조건 미비한 상태에서 혹은 기본조건이 미비한 상태에서의 설비 사용으로 인해 설비의 부품의 고유수명을 단축하게 하는 강제 열화와 정상적인 조건에서 설비의 부품의 고유수명 기간 동안 사용하여 누적 피로에 의해서 자연적인 열화가 발생하는 자연 열화로 나누어집니다.

다섯째, 불안전 개소 불합리입니다. 안전사고와 재해사고는 불안전한 설계와 사용으로 발생할 수 있습니다. 설비의 설계 시에 사람의 실수로 안전사고나 재해사고가 발생하지 않도록 실수를 예방하거나 사람의 실수가 발생하더라도 안전사고나 재해사고가 발생하지 않도록 보장할 수 있도록 해야 합니다. 또한 사람의 실수로 안전사고나 재해사고가 발생하더라도 설비가 사람에게 자동으로 안전사고나 재해사고의 발생을 즉시 알릴 수 있게 해야 합니다. 특히 사전 점검과 사전 안전조치가 미비하거나 사소한 사고 발생시의 피해 발생 방지 대책 등이 부족하거나 실행되지 않으면 결과적을 추후에 사고로 많은 인명과 재산의 피해가 발생합니다.

여섯째, 오염과 불량을 발생시키는 발생원 불합리입니다. 특히 현장의 분진, 소음, 진동, 미세먼지, 유해가스, 유해 물질, 유해광선, 방사능, 습도 등의 오염발생원은 제거를 위해서 항상 연구하여 투자비를 절감하면서 효과가 크게 하도록 개선을 시켜야 합니다.

일곱째, 불요/불급/불필요품 불합니다. 불요품은 사용은 할 수 있으나 너무 많이 가져서 필요하지 않은 잉여로 가지고 있은 물품입니다. 이러한 물품은 다른 곳이나 차후에 쓸 수 있도록 현장에서 제거해야 합니다. 불급품은 사용은 해야 하는 그 빈도수가 적어서 현장에 보관하는 것 보다 별도로 보관하여 현장을 넓게 사용할 수 있도록 하는 것이 좋은 품목을 말합니다.

따라서 현장에서 제거해서 별도록 보관하는 것이 필요합니다. 불필요품은 사용 목적을 더 이상 현장에서 기대할 수 없거나 사용하지 않은 것이 경제적으로 이득인 상태에 있는 물품을 말합니다. 이러한 물품은 현장에서 제거하여 폐기하거나 매각하는 것이 필요합니다. 이렇게 해서 추가적인 공간을 사용할 수 있게 되거나 매각된 물품이 현금으로 변환하여 유익하게 사용될 수 있을 것입니다.

여덟째, 의문점 불합리입니다. 설비의 부품 가능과 작동원리나 고장과 불량의 발생전의 이상징후 등에 대해서 잘 모르는 것이 바로 의문점입니다. 이러한 의문점을 명확히 하여 학습을 하면 설비를 이해하여 잘 운영하고 점검하고 정비할 수 있는 능력이 향상됩니다. 의문점 불합리는 학습을 통해서 제거되어야 합니다.

3.2.1 설탕과 프림이 첨가된 커피믹스

커피를 마시는 사람 중에서 최근 건강을 위해서 다이어트를 하는 인구가 증하고 있습니다. 이들은 열량의 과잉 공급을 줄이여 식이요업과 운동을 철저히 하려고 합니다. 또한 커피믹스의 첨가원료인 설탕과 커피프림의 국제 가격이 꾸준히 오르고 있습니다.

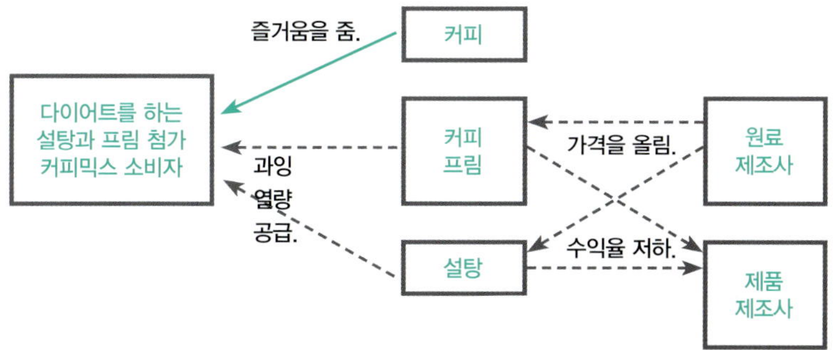

다이어트를 하는 소비자에게는 설탕과 커피 프림이 과잉 열량 공급이라는 유해를 발생시킵니다. 그래서 다이어트를 하는 소비자들의 설탕과 프

림이 들어간 커피믹스의 수요가 줄었습니다. 또한 제조사에게는 제품 정체기의 제품의 시장공급과잉으로 제품가격을 마음대로 올릴 수 도 없는 상황이어서 설탕과 커피 프림의 가격 상승으로 제품의 수익율 저하라는 유해를 발생시키고 있습니다. 커피는 기호식품으로 적정하게 커피를 마시는 소비자에게 일종의 즐거움이라는 유익을 줍니다. 따라서 유해를 주는 요소를 제거하는 것으로 소비자와 제조사의 문제를 해결할 수 있습니다. 그렇게 하여 개발된 것이 설탕이 첨가된 블랙커피믹스와 설탕도 참가되지 않은 블랙커피믹스입니다. 건강에 신경을 쓰는 커피 애호가을 주요 고객으로 하는 새로운 블랙커피믹스는 좋은 향과 맛의 고급 원두 커피로 제품을 만들어야 하기에 가격을 올릴 수 있어서 제품의 수익성을 개선하는 유익을 기업에게 부수적으로 가져다 줍니다.

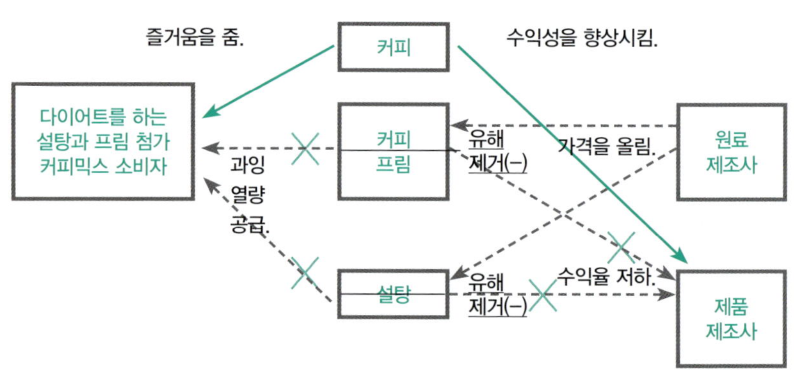

▌ 블랙커피믹스(설탕만 첨가) ▌ 블랙커피믹스(설탕 무첨가) ▌

3.2.2 일반 마요네즈

계란 노른자 1개에 식용유 1컵의 비율로 섞어서 일정시간동안 교반을 하여 마요네즈를 제조합니다. 마요네즈는 지방 성분 때문에 고소한 맛은 나지만 열량이 많아서 최근 사람들이 잘 먹지 않아서 제조사의 매출은 줄고 있습니다. 이러한 현상은 전통적인 맛 보다는 건강에 신경을 쓰는 소비자의 가치변화에 따라 다양화 되는 기호를 신속하게 반영하지 못 해서 발생합니다.

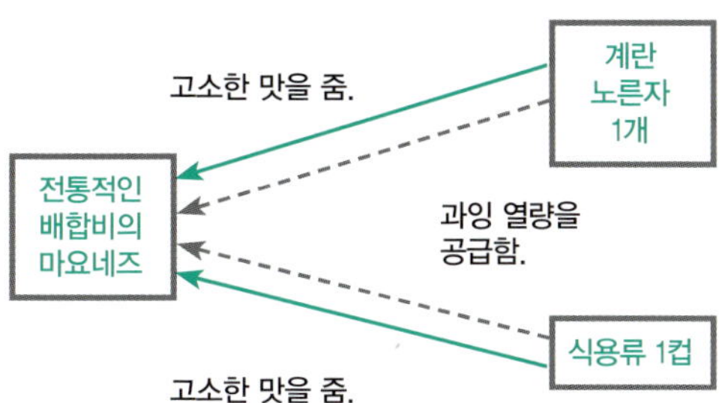

식용류는 거의 대부분 지방이므로 지방에 의한 과잉 열량을 공급하는 유해를 제거하기 위해서는 식용류의 배합 비율을 감소 시키면 가능합니다. 이에 따라서 기름을 반으로 줄여서 열량이 낮은 ½ 하프 마요라는 마요네즈가 개발되었습니다.

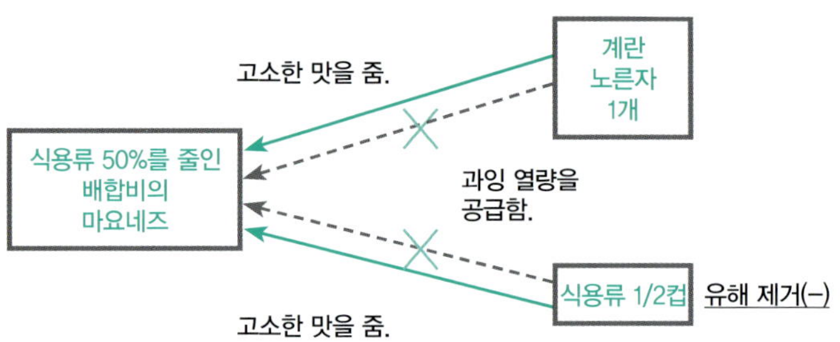

▌ 식용유 50% 감소 마요네즈 ▌

3.2.3 벽돌 쌓기 작업

　벽돌을 쌓는 작업은 작업자 마다 신체인 차이도 있지만 작업자 마다 작업하는 방법이 달라서 단위시간당 작업량에도 많은 차이가 발생합니다. 작업자의 단위 시간당 작업량의 차이가 발생하는 이유는 작업 현장에서 직접 작업을 관찰하게 되면 알 수 있습니다. 사람마다의 신체적인 차이도 있지만 사람마다 작업을 구성하는 동작의 차이가 있다는 것을 발견하게 됩니다.

　따라서 누구라도 편하게 작업하면서도 단위시간당 작업량을 최대화 할 수 있는 최적 동작으로 구성된 표준작업을 만들고 싶어 합니다.

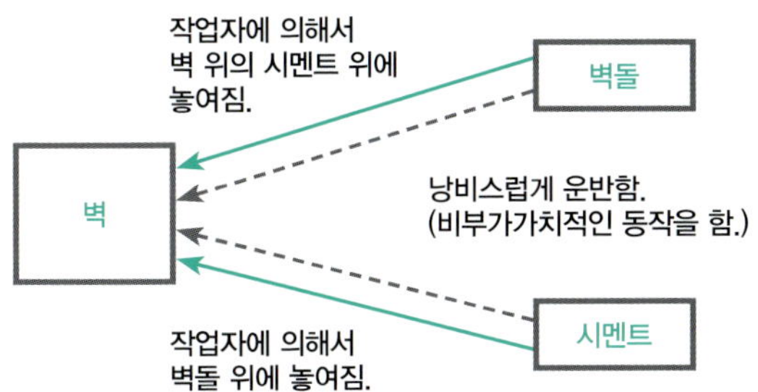

아래의 17가지의 동작은 사람의 요소작업을 구성하는 17가지의 신체의 단위 움직임입니다. 이중에서 직접적으로 안전과 부가가치를 만드는 동작은 피로휴식과 조립동작, 분해동작, 기구사용 동작입니다. 나머지 13가지 동작은 부가가치 동작을 하기 위해서 필요한 비부가가치 동작이거나 하지 않아도 되는데 하게 되는 낭비적인 비부가치적인 동작입니다.

따라서 유해한 비부가가치적인 동작을 제거한 동작으로 구성된 작업을 하게 되면 작업의 생산성(1사람의 단위 시간당 작업량)이 향상됩니다.

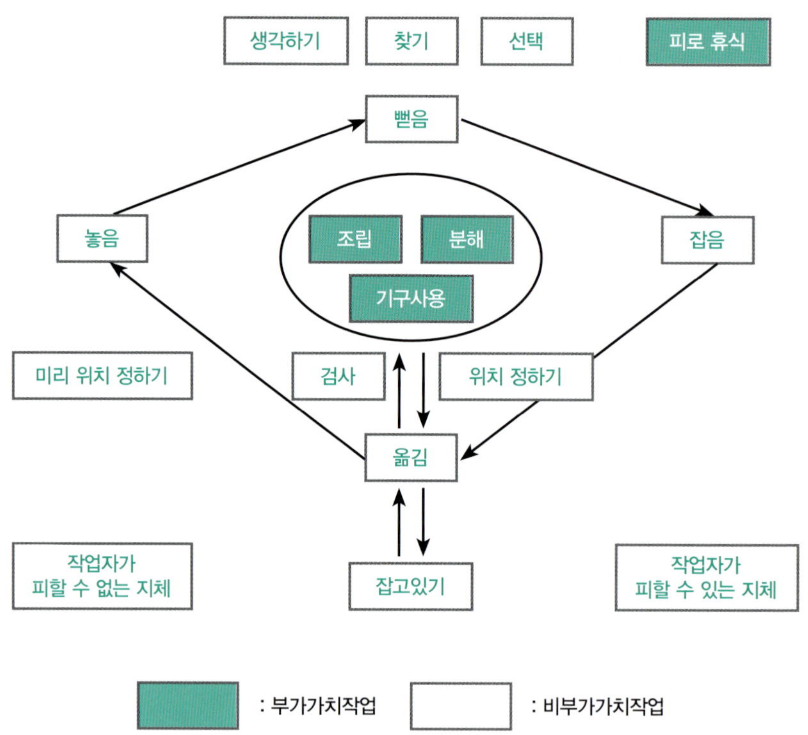

3.2.4 비행장 건설

일반적인 비행장은 일반적으로 땅을 평평하게 다진 후에 건물을 짓고 활주로를 만드는 순으로 공정을 진행하게 됩니다. 야산이 있는 내륙 지역에 비행장을 공기를 단축하여 만들고자 합니다. 우선 비행장 건설 공정을 계획하게 되었습니다. 비행장의 설계를 완료한 후에 야산을 깎고 계곡을 메워서 평지로 만들고 이어서 비행기 활주로와 비행장 건물을 짓는 것으로 공정을 계획했습니다. 평지를 만들기 위해서 흙으로 메운 곳을 다시 파야 하는 유해가 발생하게 됩니다.

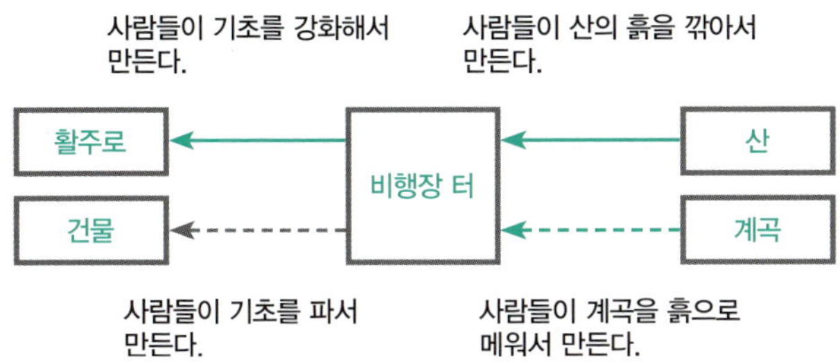

그래서 설계시에 계곡으로 흙은 메울 부분에 건물을 짓도록 설계를 하여 비행장 터의 조성시에 건물을 짓을 부분에는 흙으로 메우지 않게 공정을 계획하여 실행했습니다. 이를 통해서 건물을 짓을 부분에 흙으로 메우고 다시 퍼내는 일을 하지 않아도 되어서 비행장 공사기간이 단축되고 비용도 절감되었습니다.

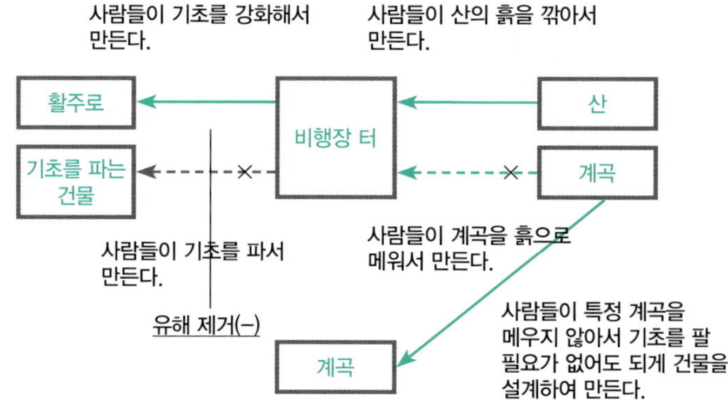

▎건물의 기초 건설을 위한 부분은 평지로 만들지 않고 비행장을 건설함. ▎

3.3 유해의 유익으로의 반전

　유해를 쉽게 제거할 수 없을 때에는 유해를 없애기 위한 노력을 더 하는 것 보다는 유해를 유익으로 변환하거나 유해를 덜 유해하게 하여 유해가 감소된 만큼이 유익으로 변환하는 아이디어를 발상하는 것이 필요합니다.

　나에게는 유해하지만 남에게는 유익할 수 있는 지를 생각해보거나 여기에서는 유해하지만 다른 곳에서는 유익할 수 있는 지를 생각해보는 것이 필요합니다. 지금은 유해하지만 장래에는 유익할 수 있을 지도 생각해보아야 할 것입니다. 그러려면 문제와 관련된 이해관계자, 환경, 기능요소 등에 대한 깊은 이해가 필요합니다. 또한 문제와 관련된 과거의 역사와 미래의 예측에 대한 정보가 필요합니다. 문제에 대한 소명의식은 결국에 문제를 해결하는 아이디어의 원동력이 됩니다.

　버려지는 물질을 자원화하는 사례는 우리 주변에 많이 있습니다. 돈을 주고 매립해야 하는 축산분료를 원료로 하여 취사나 난방에 사용되는 연료로 만들어 판매를 하여 수익을 만든다든지, 예전에는 용광로에서 공기중으로 매출되는 미세 철분 가루를 포집하여 비용을 들여 바다에 매립하였으나 지금은 포집된 철분가루에 전분을 첨가하여 덩어리 형태로 만들어 철 생산의 원료로 사용한다든지 하는 예는 우리 주변에 많이 있습니다.

　유해한 것을 덜 유해한 것으로 감소시키는 것도 덜 유해한 부분만큼 유익한 부분으로 변환된 것으로 볼 수 있습니다.

유익한 영향과 유해한 영향을 동시에 끼치는 경우에는 유해한 영향을 극소화하면서 유익한 영향을 극대화하도록 작동하도록 하여 결과적으로 누적된 유해한 영향이 실제 문제가 되지 않도록 통제할 수 있는 범위에서 유익한 영향을 활용하게 됩니다.

X-레이선은 극히 짧은 파장의 빛으로 원자사이를 통과할 수 있어서 장기간 노출되면 세포내 유전자 변형으로 암과 같은 병에 걸릴 수 있습니다. 그래서 X-레이선은 몸 내부를 촬영하는데 사용할 수 있으나 이로 인해 세포내 유전자변형으로 암과 같은 병에 걸리는 것을 방지할 수 있는 방법을 찾지 못했습니다. X-레이선은 암과 같은 병에 걸리는 유해한 영향과 몸 내부를 촬영하는데 사용할 수 있는 유익한 영향을 동시에 우리에게 줍니다. 결국 사람들은 사람에게 유해하지 않은 극히 짧은 약한 X-레이선을 사용하여 유해한 영향을 극소화하고 유익한 영향을 극대화하는 방향으로 X-레이선의 몸 내부 촬영을 사용하여 의료의 질을 높이게 됩니다.

우리가 매일 마시는 우유는 냉장보관유통을 위해서 원유의 살균가공공정을 거치게 된다. 이 과정에서 원유에게는 살균이라는 유익과 영양소 파괴라는 유해가 동시에 발생하게 됩니다. 살균과 영양소 파괴는 살균의 온도와 시간이라는 살균가공과정에서의 조건 설정에 의해서 영향을 받게 됩니다. 즉 살균 온도가 높아지면 영양소 파괴가 늘어나지만, 살균효과가 좋아져서 살균시간을 줄일 수 있습니다. 살균 온도가 낮으면 영양소 파괴가 줄어들지만, 살균효과가 저하되어 살균시간을 늘려야 합니다. 살균시간은 원유의 살균 공정의 생산성에 영향을 미치게 됩니다.

따라서 원유의 살균가공비용을 줄여서 대량으로 살균된 우유를 냉장보관유통을 통해서 공급하기 위해서 고온으로 짧은 시간 살균을 하는 살균가 공공정을 거치게 됩니다. 즉 영양소 파괴라는 유해를 극소화하면서 유익을 얻는 방법을 택하게 됩니다. 현재 많은 우유제조 회사에서 이러한 고온 고속 살균가공공정을 거친 저렴한 우유를 소비자에게 공급하고 있습니다.

그러나 실제로 이러한 처리는 영양소와 원유의 신선한 맛은 어느 정도 희생하게 됩니다. 유우의 가격보다는 영양소 파괴 최소화와 원유의 신선한 맛을 중시하는 소비자에게는 반대로 유익의 극대화라는 방법을 사용한 저온 저속 살균가공공정을 거친 우유를 제조하여 공급하게 됩니다.

유해를 유익으로 반전하기 위한 방법은 주로 지금까지와는 다른 방식을 도입하여 해결되는 경우가 많습니다. 즉 지금의 방식의 한계를 뛰어넘기 위해서는 정반대의 방식과 고정된 방식이 아니라 가변적인 방식과 같이 역발상을 해야 하는 경우가 많습니다. 이러한 역발상은 지금의 성공에 도취되어 있을 때에는 잘 되지 않습니다. 즉 위기감이 없거나 역전을 해야겠다는 강한 도전의지가 없는 경우에는 역발상을 하지 않게 됩니다. 지속적인 생존과 새로운 성공을 꿈을 꾸지 않으면 유해를 유익으로 반전하는 아이디어를 만들지 못합니다. 생존의식과 도전의식은 현실과 미래에 대한 긍정적인 생각을 갖고 실패를 두려워하지 않을 때 강화됩니다.

제안 아이디어를 만들기 위해서 활용한 유해를 유익으로 쉽게 반전시킬 수 있게 역발상을 촉진하는 세부적인 68가지의 원리들을 TRIZ의 40가지 발명의 원리를 참조하고 확장하여 표로 정리하였습니다. 68가지의 세부적인 원리들 중에서 중요한 원리는 사례들을 들어 설명하였습니다.

〈68가지 반전의 원리〉

반전 원리	사용하는 경우	반전 원리	사용하는 경우
1. 아웃소싱을 하거나 임대를 하거나 일회용품을 쓴다.	사용을 많이 하지 않거나 일정기간만 사용하는데 매입하고 운영하고 매각하면서 많은 비용이 소요되어 결과적으로 경제적이지 못한 경우.	**2. 직영화하고 내구 사용품을 쓴다.**	사용을 많이 하거나 지속적으로 사용하는데 매입하고 운영하고 매각하면서 많은 비용이 소요되지 않아 결과적으로 경제적이지 못한 경우.
3. 복제하여 사용한다. (교체한다.)	비슷하거나 향상된 기능을 하는데 복제된 방식을 사용면 비용이 적거나 덜 위험한 경우. 경박단소 혹은 중후장대 개념으로 재설계를 한다.	**4. 복제하여 사용하지 않는다. (교체하지 않는다.)**	비슷하거나 향상된 기능을 하는데 복제된 방식을 사용면 사고의 위험이 높고 품질에 문제가 생기는 경우.
5. 기계 시스템을 교체하여 지능이 있는 자동화/IT화 하라.	수동 방식이나 기계 시스템으로 되어 있고 처리 물량이 급증하고 있다면 이를 신속하고 정확하게 할 수 있도록 자동화/IT화 하면 생산성이 높아지고 처리 비용이 절감되는 경우.	**6. 수동방식으로 단순하게 하라.**	지나치게 복잡하게 자동화/IT화 하여 고장과 오작동으로 생산성이 낮아지는 경우.
7. 충격을 흡수할 수 있도록 하라 .	충격을 흡수하지 못해서 유해가 발생하는 경우.	**8. 충격을 이겨낼 수 있도록 하라.**	충격을 흡수하여 유해가 발생하는 경우.

반전 원리	사용하는 경우	반전 원리	사용하는 경우
9. 유연하고 엷은 막 구조를 사용하라.	단단하고 두꺼운 막 구조로 인해서 유해가 발생하는 경우.	10. 단단하고 두꺼운 막 구조를 사용하라.	유연하고 슬림한 막 구조로 인해서 유해가 발생하는 경우.
11. 속이 빈 구조를 사용하라.(다공질 재료)	무게가 무거워서 발생하는 유해가 감소되고 내구성이나 강도 등의 유익이 증가하는 경우.	12. 속이 꽉 찬 구조를 사용하라.	무게가 가벼워서 발생하는 유해가 감소되고 내구성이나 강도 등의 유익이 증가하는 경우.
13. 동질적으로 만들어라.	이질적인 구성성분으로 인해 유해가 발생하는 경우.	14. 이질적(복합적)으로 만들어라.	동질적인 구성성분으로 인해 유해가 발생하는 경우.
15. 부분적으로 품질을 바꾸어라.	유해한 품질요소를 부분적으로 바꾸어서 전반적으로 유익한 품질이 만들어지는 경우.	16. 전체적으로 품질을 바꾸어라.	유해한 품질요소를 전체적으로 바꾸어서 전반적으로 유익한 품질이 만들어지는 경우.
17. 비활성화하라.	비활성화하여 유해가 유익으로 바뀌는 경우.	18. 활성화(산화)하라.	활성화(산화)하여 유해가 유익으로 바뀌는 경우.
19. 속성을 바꾸어라.	속성을 바꾸어서 유해가 덜 유해하게 되거나 유익으로 변환되는 경우.	20. 속성이 바뀌지 않게 하라.	속성이 바뀌어서 유해하게 되는 경우.

반전 원리	사용하는 경우	반전 원리	사용하는 경우
21. 폐기하고 재생하라.	고장이 나거나 소모되어 재사용이 어렵거나 재사용하는 것이 비경제적인 경우.	**22.** 순환품으로 고쳐서 재사용하라.	사용후에 버리지 말고 순환품으로 재생하여 사용하는 것이 경제적이며 품질에 문제를 발생하지 않는 경우.
23. 상태의 전이 현상을 이용하라.	상태의 전이로 유해가 유익으로 바뀌는 경우	**24.** 상태의 전이 되지 않도록 하라.	상태의 전이로 유해가 발생하는 경우
25. 열 팽창 현상을 이용하라.	팽창에 의해서 유해가 유익으로 바뀌는 경우.	**26.** 냉각 수축 현상을 이용하라.	수축에 의해서 유해가 유익으로 바뀌는 경우.
27. 비대칭으로 하라.	비대칭으로 하여 유해가 감소하고 유익이 증가하는 경우.	**28.** 대칭으로 하라.	비대칭으로 하여 유해가 감소하고 유익이 증가하는 경우.
29. 반대로 하라.	기존의 방식과 반대의 방식으로 하여 유해가 유익으로 바뀌는 경우.	**30.** 규정대로 하라.	규정된 기존의 방식의 재현이 정확하게 되지 않아 유해가 발생하는 경우.
31. 체계적으로 포갤 수 있는 구조로 만들어라.	중복도 없고 빠진 것도 없이 체계적으로 포갤 수 있는 구조로 만들어서 유해가 감소하는 경우.	**32.** 비체계적 포갤 수 없는 구조로 만들어라.	체계화하여 유해가 발생하는 경우.

반전 원리	사용하는 경우	반전 원리	사용하는 경우
33. 눈 높이를 맞추어라.	서로 눈 높이나 기준이 달라서 발생하는 유해를 눈 높이나 기준을 바꾸어서 유익으로 바뀌는 경우.	34. 눈 높이를 맞추지 마라.	획일적인 기준으로 유해가 지속적으로 발생되는 경우.
35. 유해를 극소화하여 유익을 활용하라.	유익과 유해를 동시에 주는 경우에 극소화된 유해에서도 유익의 효과를 충분히 볼 수 있을 경우.	36. 유익을 극소대화하여 유해가 없어지도록 하라.	유익과 유해를 동시에 주는 경우에 극소화된 유익에 따라 유해가 없어 지는 경우.
37. 최적화를 위해 역동성을 높여라.	보다 역동적으로 하여 유해가 유익으로 바뀌는 경우.	38. 고정식으로 만들어라.	고정식으로 하여 유해가 유익으로 바뀌는 경우.
39. 구형화 하라.	저항이 적도록 구형화하여 유해한 효과를 유익한 효과로 변화되는 경우.	40. 모나게 하라.	저항이 많고 모나게 하여 유해한 효과를 유익한 효과로 변화되는 경우.
41. 모자라거나 넘치도록 하라.	모자라거나 넘치도록 하여 유해를 감소시키고 유익을 달성할 수 있는 경우.	42. 정확하게 맞추어라.	정확하게 맞추어서 유해를 감소시키고 유익을 달성할 수 있는 경우.

반전 원리	사용하는 경우	반전 원리	사용하는 경우
43. 범용성을 갖도록 하라.	여러 가지 기능을 갖도록 하여 여러 가지의 것이 필요한 유해가 한 가지 것만 필요하게 되는 유익으로 변환되는 경우.	**44. 전용성을 갖도록 하라.**	고도의 전문성이 부족하여 발생하던 유해가 세분화된 고도의 전문성의 강화로 유익으로 변환되는 경우.
45. 입체를 활용하라.	공간을 입체적으로 활용하여 유해가 유익으로 바뀌는 경우.	**46. 평면을 활용하라.**	공간을 평면적으로 활용하여 유해가 유익으로 바뀌는 경우.
47. 진동을 이용하라.	진동을 이용하여 유해가 유익으로 바뀌는 경우.	**48. 진동이 발생하지 않게 하라.**	진동이 유해를 발생하게 하는 경우.
49. 주기적으로 작동시키나 점검하라.	주기적으로 작동하거나 점검하여 유해를 예방하여 결과적으로 유해가 감소되는 경우.	**50. 비주기적으로 작동시키거나 점검하라.**	주기적으로 작동하거나 점검하여 유해가 예방되지 않거나 결과적으로 유해가 감소되지 않는 경우.
51. 결과를 통보하라.	결과 통보하여 유해한 결과를 개선하여 유익한 결과가 나올 수 있도록 개선이 이루어지게 할 수 있는 경우.	**52. 결과를 통보하지 마라.**	결과 통보하면 유해한 결과를 개선하여 유익한 결과가 나올 수 있도록 개선이 이루어지지 않는 경우.

반전 원리	사용하는 경우	반전 원리	사용하는 경우
53. 매개체를 이용하여 간접적으로 하라.	직접적으로 하지 않고 중간의 매개체를 활용하여 간접적으로 하게 하면 유해한 효과를 줄이고 유익한 효과를 증가시킬 수 있는 경우.	**54.** 매개체를 이용하지 말고 직접적으로 하라.	직접적으로 하면 유해한 효과를 줄이고 유익한 효과를 증가시킬 수 있는 경우.
55. 유익을 이용하여 유해를 상쇄하라.	상대적으로 많이 증가된 유익한 효과가 미미하게 증가된 유해한 효과보다 큰 경우.	**56.** 유익을 이용하여 유해를 상쇄하지 마라.	미미하게 발생하는 유익한 효과가 상대적으로 많이 증가되는 유해한 효과보다 적은 경우.
57. 저절로 이루어 지게 하라.	노력 없이 스스로 작동하게 하여 유해가 발생하지 않으면서 유익을 발생하게 하는 경우.	**58.** 저절로 이루어 지게 하지 말고 인위적으로 이루어 지게 하라.	저절로 작동하여 유해가 발생하는 경우.
59. 선행의 반대 조치를 하라.	유해한 기능의 발생시 유해한 영향을 감소시키거나 제거할 수 있도록 사전에 반대 조치가 가능한 경우.	**60.** 선행의 반대 조치를 하지 마라.	사전에 반대 조치가 유해한 영향을 감소시키거나 제거하지 못 하는 경우.

반전 원리	사용하는 경우	반전 원리	사용하는 경우
61. 선행 조치를 하라.	사전에 필요한 일들을 해두어서 얻어진 결과물을 활용하여 전체적으로 일에 필요한 시간을 단축하여 일에 수행으로 인해 발생하는 고객의 기다림이라는 유해가 유익으로 변환될 수 있는 경우.	**62.** 사후 조치를 하라.	일의 중간에 순차적으로 필요한 일을 다 하지 않고 우선 고객과 약속된 전체적인 일을 마친 후에 미루어진 일을 하여 고객과의 약속된 일의 완료 시간을 단축하여 고객의 기다림이라는 유해가 유익으로 변환될 수 있는 경우.
63. 사전 예방을 하라.	사전에 예방을 하는데 필요한 유해(비용 등)가 예방 하지 않았을 때 발생하는 유해보다 적은 경우.	**64.** 사전 예방을 하지 마라.	사전에 예방을 하는데 필요한 유해(비용 등)가 예방 하지 않았을 때 발생하는 유해보다 큰 경우.
65. 눈으로 보이게 하거나 색깔을 바꾸어라.	눈에 보지 않는 것은 눈으로 보이게 하고 색깔 구분이 되니 않는 것은 색깔 구분이 되도록 하여 찾거나 구분하는 데 걸리는 유해한 시간을 감소시키고 유익한 결과가 실수 없이 나오도록 하는 경우.	**66.** 눈으로 보이지 않게 하거나 색깔이 바뀌지 않게 하라.	눈으로 보이지 않게 하거나 색깔이 바뀌지 않도록 하여 유해가 감소되거나 제거되어 결과적으로 유익이 증대되는 경우.
67. 유해를 통합하여 감소하라.	어차피 발생할 수 밖에 없는 유해들 통합하면 총 발생 유해가 감소하는 경우.	**68.** 유해를 분리하여 감소하라.	어차피 발생할 수 밖에 없는 유해를 세부적으로 분리하면 총 발생 유해가 감소하는 경우.

3.3.1 목판인쇄

▮ 무구정광대다라니경 ▮

  1966년 10월 14일 불국사 석가탑에서, 1200여년동안 사리함 속에서 깊은 잠에 빠져있던 유물이 세계에서 가장 오래된 목판 인쇄물 '무구정광대다라니경'으로 밝혀졌습니다.

  학계는 발칵 뒤집혔습니다. 그동안 세계최고 목판 인쇄물로 인정받아온 일본의 '백만탑다라니'가 770년에 제작된 것인데, 석가탑의 건립연대가 751년이고 당나라 측천무후 집권(690년~705년) 때 일시적으로 쓰였던 한자인 '무주제자(武周制字)' 중 일부가 이 다라니경에서 사용된 것을 근거로 하면 이 다라니경의 제작연도가 751년 이전인 게 분명하기 때문이었습니다. 이러한 목판 인쇄술이 쓰이는 목판은 여러 가지 문제점을 갖고 있습니다.

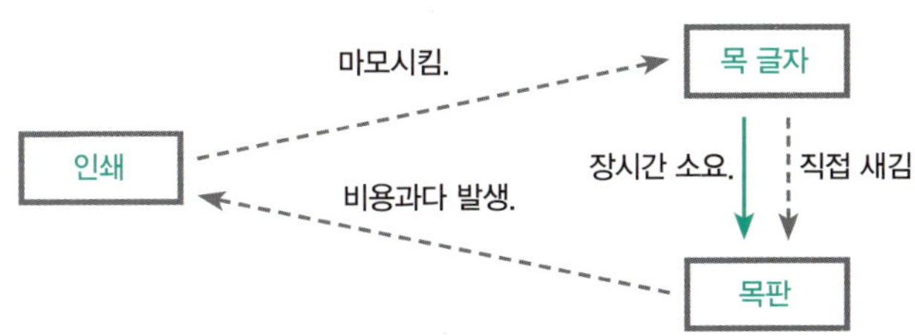

목판 인쇄는 다량의 인쇄물을 인쇄하면 목판이 마모되어 인쇄물마다 글씨체가 똑같이 않고, 오랜 시간이 흐른 후에 다시 인쇄하려고 하면 목판의 보관 상태에 따라서 목판이 손상되어 인쇄를 할 수 없는 경우도 발생할 수 있습니다. 목판이 부분적으로 손상된 경우 손상된 글씨만 다시 만들 수 없어 다시 한 장의 목판의 전체 글씨를 파서 제작해야 합니다. 또한 목판의 제작시에 목판에 한 글자씩 조각해서 인쇄판을 만들어야 하므로 숙련된 장인이 작업하여도 제작기간이 장시간 소요됩니다. 한마디로 목판인쇄는 장기간 지속적 대량인쇄를 해야 하는 경우에 비용이 과다하게 발생하게 됩니다.

이러한 문제를 해결하기 위해서 인쇄시키는 글자와 인쇄 목판을 분리하고, 목판의 인쇄시키는 글자를 마모가 덜 되는 금속으로 표준화된 글자체(활자)로 만들고, 이들을 인쇄판에 조합하여 인쇄하고자 하는 문장을 만들어서 인쇄를 하였습니다. 즉, 금속활자를 발명하였고 이를 이용하여 인쇄를 하였습니다.

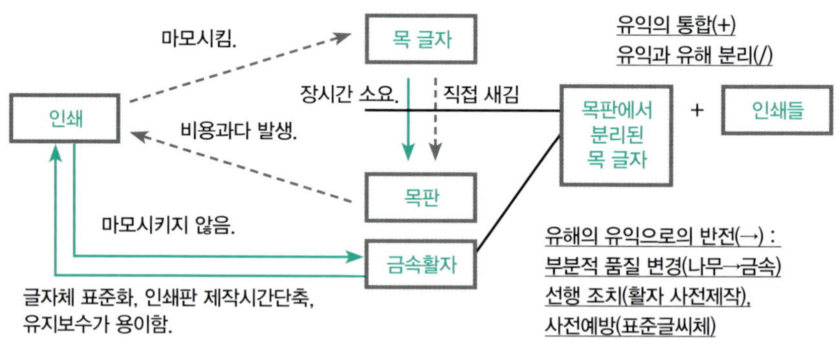

▌ **직지심경(세계최초금속활자인쇄)** ▌

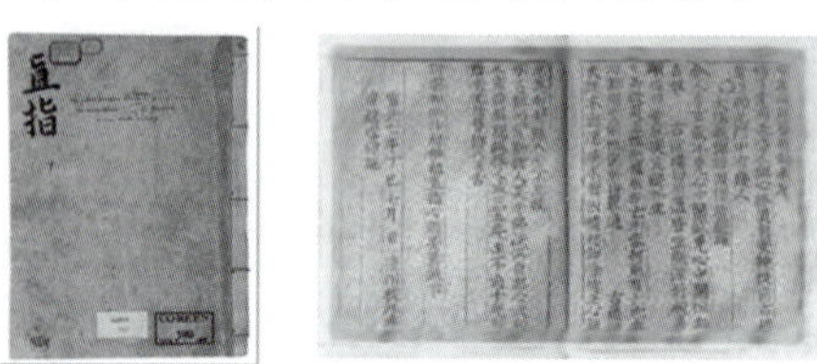

3.3.2 자동차의 생산

자동차 생산 초기에는 부품의 측정 및 기계 가공 기술의 미발달로 같은 크기의 부품으로 절단할 수 없었습니다. 특히 공구강의 강도가 부족하여 부품의 강도 향상을 위해서 기계가공 후에 열처리를 하고 나면 정밀도를 맞추기 위한 기계가공이 불가능하였습니다. 대개 부품의 조립자들은 그 부품을 제작하는 공장을 갖고 있는 기술자들이었다고 합니다. 부품의 치수가 맞지 않으면 부품을 재제작하여 가지고 와서 부품을 조립하였다고 합니다.

따라서, 그 당시에는 차마다 수작업에 의한 한대씩의 맞춤생산을 하였습니다. 자동차마다의 호환이 어려울 정도로 부품의 치수가 다르면 대량으로 생산을 할 수 없습니다. 따라서 자동차는 귀족만이 소유할 수 있는 물건이 되었습니다.

후에 공구강 소재와 열처리 기술의 발달로 공구의 강도가 강해져서 같

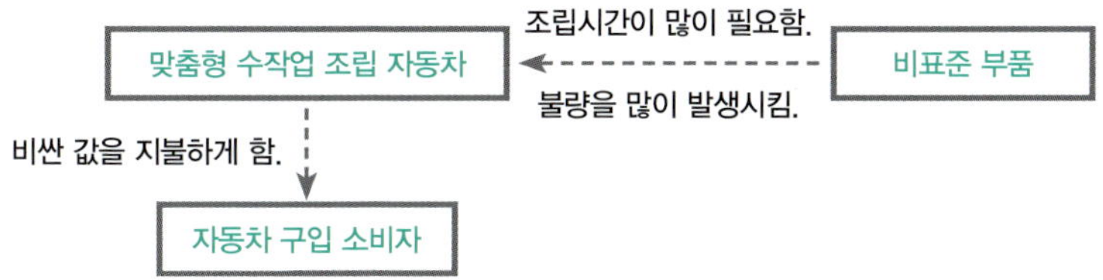

은 크기로 부품을 정밀가공할 수 있게 되자, 부품의 호환성 문제를 사전에 예방하기 위해서 표준화된 부품의 치수와 공차 범위내에서 양품의 부품을 미리 만들어 놓을 수 있게 되었고, 이에 따라 부품 조립시마다 부품의 수정 작업을 할 필요가 없어졌습니다. 따라서 표준화된 부품의 양품을 공급업체로부터 계속적으로 공급받아 그 부품들을 부품투입원이 조립공정에 투입하고, 라인형태의 조립 순서대로 고정된 위치의 조립작업자들이 연속적으로 조립작업을 하고, 그 사이에 조립되는 반제품 자동차들은 컨베이어를 통해 천천히 이동하게 하면서 생산하는 컨베이어 방식의 흐름 생산을 하면서, 조립 작업의 생산성이 향상되고 저렴한 자동차의 대량생산이 가능해졌습니다. 이러한 자동차 생산의 혁신은 자동차를 운송혁명을 가능하게 한 운송수단으로 만들었습니다.

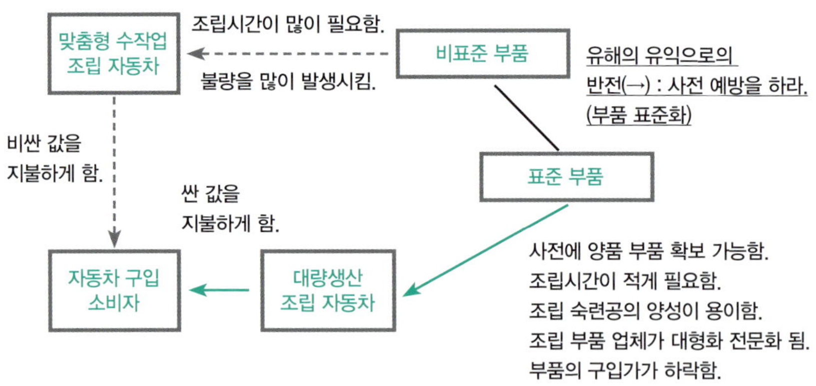

‖ 표준화된 부품을 조립하는 대량 자동차 흐름 생산 ‖

1913년 자동차 조립라인 발명 (포드)

3.3.3 최초의 유인 우주선 보스톡 1호기 개발

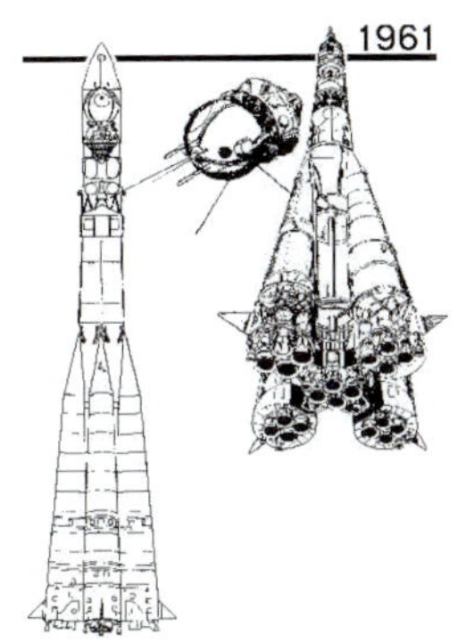

최초의 유인 우주선을 개발하고 있던 러시아(당시 소련)은 개발의 마지막 단계에 지구에서 발사된 우주선이 대기권 밖에서 그 안에 탑승한 우주인을 싣고 다시 지구로 안전하게 귀한 할 수 있는 지에 대한 검증을 해야 했습니다.

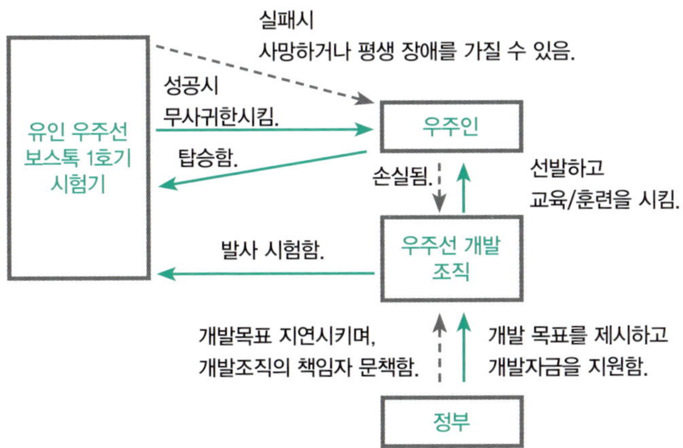

아직 우주인의 무사귀환에 대한 유인 우주선의 안정성이 검증되지 않은 상태에서 우주인이 직접 탑승하여 개발 검증을 강행한다면, 실패시에 우주인의 인명 손실과 유인 우주선 개발 지연과 개발조직의 책임자 문책이라는 유해한 문제가 발생할 수 있습니다. 어차피 실패가 발생할 수도 있다면 같은 기능을 하는 덜 유해한 방식으로의 전환하여 감소된 유해가 유익으로 변환될 수 있도록 하면 좋을 것입니다. 그래서 즉 사람을 개로 변환하여 우주선 발사 실험을 했습니다.

무사귀한 실패 발생시, 인명 손실의 유해를 줄 수 있다라는 생각을 사람에게는 인명 손실 보다 덜 한 유해를 발생시키는 개의 손실이라는 유해를 줄 수 있는 생각으로 변환하여 위의 문제가 해결된 것입니다. 즉, 감소된 유해는 그만큼 유익을 가져다 주었습니다.

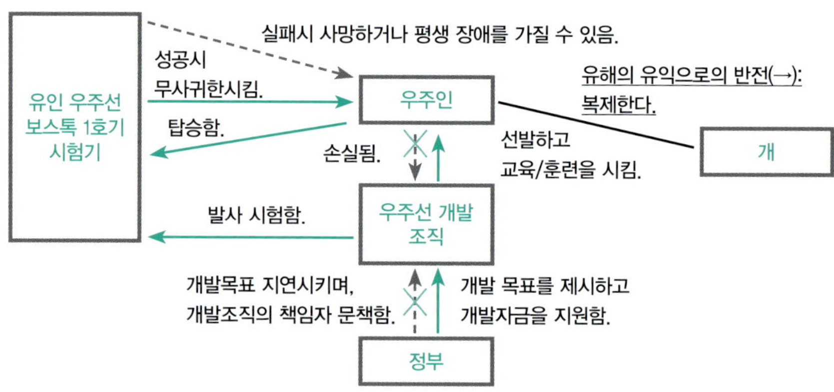

❚ 보스톡 1호기의 시험기 개 탑승 지구 무사귀한 발사 시험 ❚

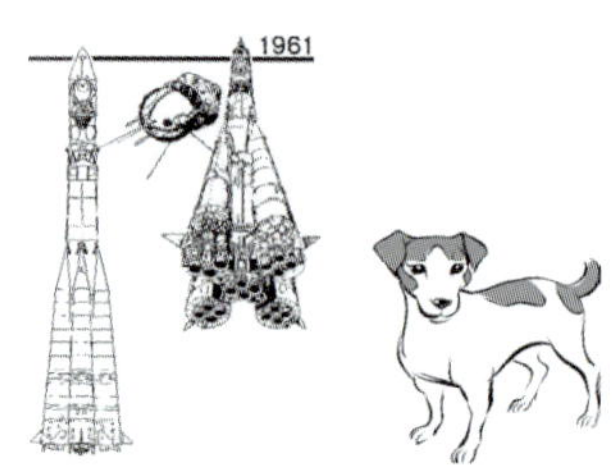

3.3.4 양

숙양과 암양의 자연번식이나 인공수정으로 얻는 새끼는 유전자가 100% 부모 양과 같지 않습니다. 수의학적 목적으로 어미 양과 유전가 100% 꼭 같은 새끼 양을 얻고자 합니다.

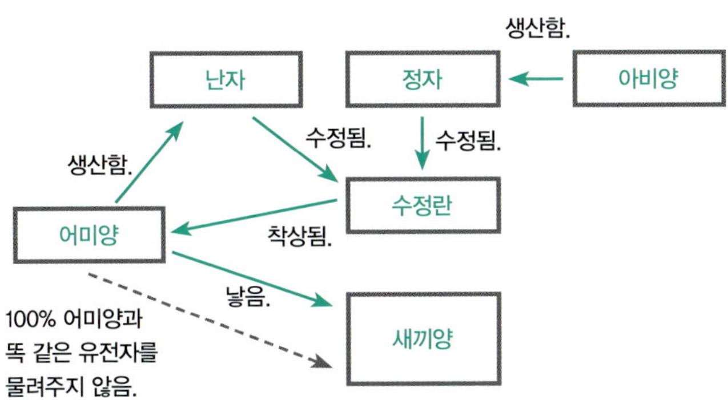

　어미양의 난자와 아비양의 정자를 수정한 수정란은 유전적으로 어미양과 아비양과는 다른 유전자를 갖게 됩니다.

　수의학적 목적으로 어미 양과 유전가 100% 꼭 같은 새끼 양을 얻고자 한다면 아비양의 정자와 어미양의 난자가 결합된 수정란을 어미양 난자에서 난자 핵이 제거되고 정자와 난자핵이 결합된 물질과 같은 특성을 갖는 어미양의 체세포로 미리 바꾸진 수정란으로 대체하면 가능합니다.

　따라서 어미양의 난자 핵이 제거된 난자에 어미양의 체세포를 주입하여 난자 핵이 체세포로 대체된 수정란을 대리모 양에게 착상하여 임신시켜서 어미 양과 유전가 100% 꼭 같은 새끼 양을 얻을 수 있었습니다.

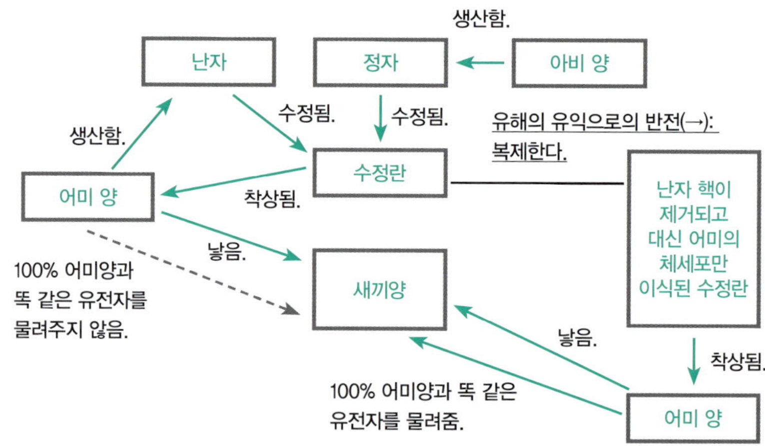

▌ 복제 양 돌리 ▌

3.3.5 휴대폰

휴대폰은 휴대 보관 시에 손에 쉽게 잡힐 수 있고 통화나 문자의 사용시에 쉽게 자판을 사용할 수 있어야 했습니다. 그래서 자판을 사용시에는 나타났다가 비사용시에는 감출 수 있는 방식을 구현하기 위해서 바 타입, 폴더 타입, 슬라이딩 타입, 스윙 타입 등으로 변화하였습니다.

가장 얇고 가벼우면서도 화면이 가장 큰 인터넷이 가능한 휴대폰을 개발하고 싶습니다.

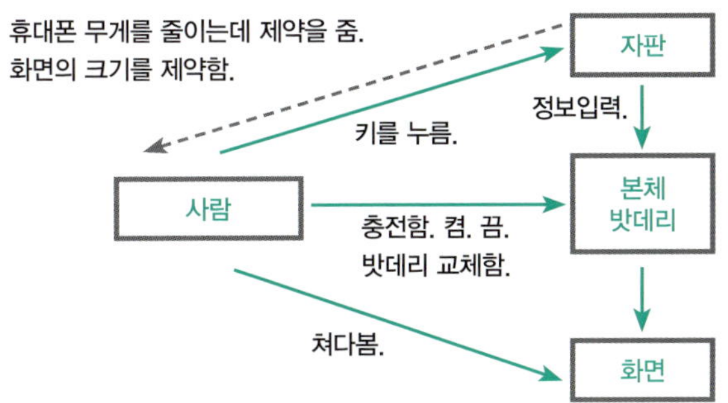

　자판의 존재로 인해서 화면의 크기를 키우거나 휴대폰의 무게를 줄이는데 한계가 있고 기구부의 설계가 복잡해지고 내구성 저하의 원인이 되기도 했습니다. 그래서 이러한 유해를 주는 버튼 형식이나 메인브레인 형식의 자판을 정보입력이 가능하면서 유해를 주지 않고 유익을 주는 얇은 막 형태의 존재로 변환하게 되었습니다.

　이렇게 해서 휴대폰은 보다 얇고 가볍고 자판 사용시에 화면이 큰 인터넷이 가능한 터치스크린이 채용된 스마트폰으로 진화하였습니다.

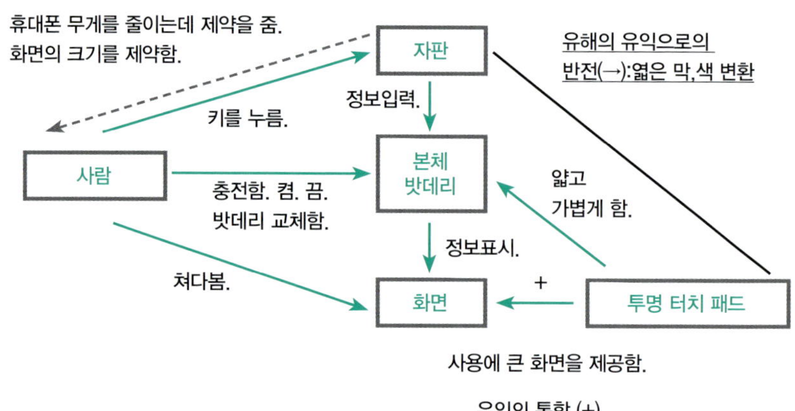

▌ 터치 스크린 방식의 스마트폰 ▌

3.3.6 나무 상자 이용 포장

과일은 산지에서 나무 상자에 일정 무게 단위로 보관과 운반 과정에서 파손되지 않게 일단 포장된 후에 도매상과 소매상에게 운반되어 보관됩니다.

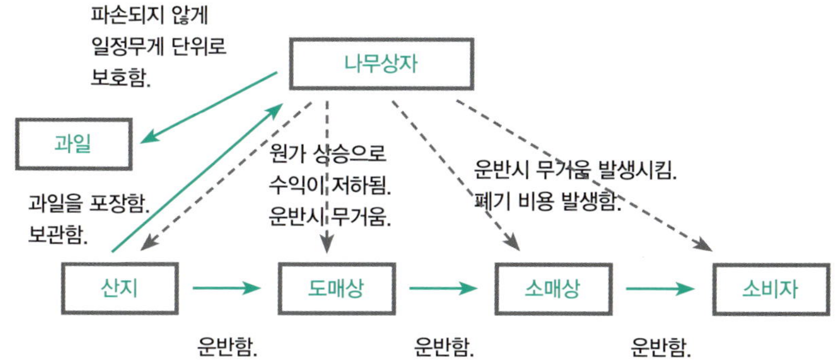

나무 상자는 무거우며 제작 비용도 비쌉니다. 또한 소매상이나 소비자에게 배출되는 나무상자는 회수 비용이 너무 많이 들어서 회수를 포기하고 폐기해야 하나 이 또한 비용이 많이 들어가는 유해가 발생합니다.

그래서 이러한 유해를 주는 나무상자를 과일을 파손되지 않게 일정무게 단위로 보호하는 기능을 하면서 유해를 주지 않고 가볍고 재활용이 쉬우면서 제작비용도 적게 드는 속이 빈 구조의 골판지 상자로 변환하게 되었습니다.

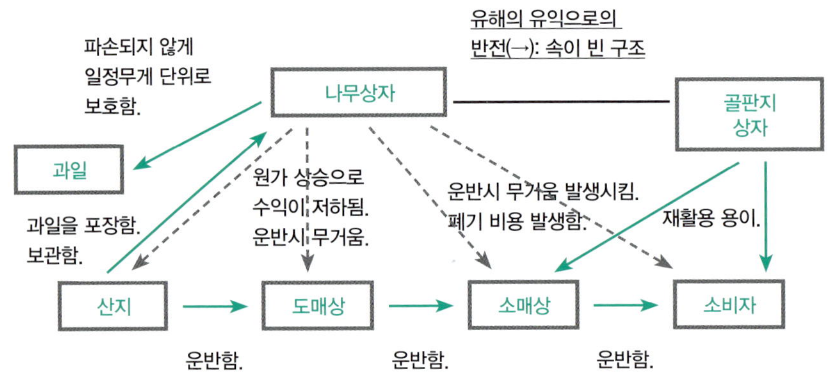

▮ 골판지 상자 ▮

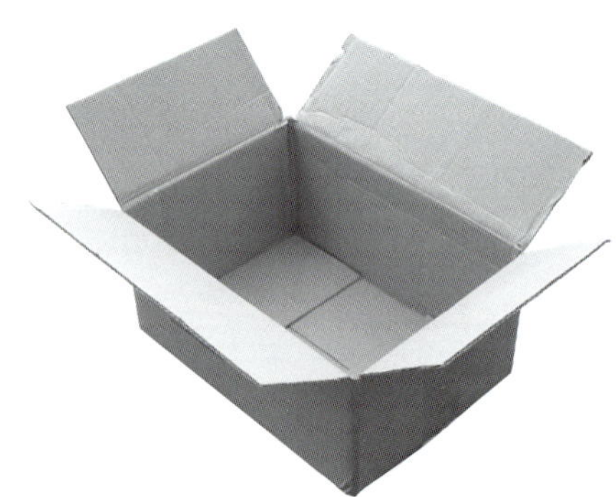

3.3.7 보잉 비행기

    보잉 767은 최대이륙중량이 200톤이며, 세계에서 가장 폭이 좁은 광동체형 제트 여객기입니다. 미국의 전략폭격기 B-52(220톤, 1952년)과 비슷한 크기입니다. 에어버스 A300(170톤, 1972년)의 성공은 보잉으로 하여금 보잉 767(200톤, 1981년)의 개발을 착수하게 하는 결과를 낳았습니다. 보잉 767 동체는 복합재료와 새로운 알루미늄 합금 등을 사용하여 A320과 같은 혁신적인 기체와 보조를 맞추는 정도였습니다. 다만, 보잉 767은 A300계열 기종보다 작기 때문에 A300에 비해 약 6% 정도의 연료를 절감 효과를 거둘 수 있었다.

    이는 또다시 에어버스가 에어버스 A330(230톤, 1992년)을 제작하게 하였습니다.

    1990년대 후반 보잉은 에어버스 A330-200의 판매로 인해 보잉 767의 판매가 감소하자 보잉 767의 대체기종의 생산을 고려하였다. 그런데 2001년 9.11테러로 인한 항공 수요 감소와 유가 상승으로 인해 항공사들은 속도보다는 연료효율에 더 관심을 가지게 되었습니다.

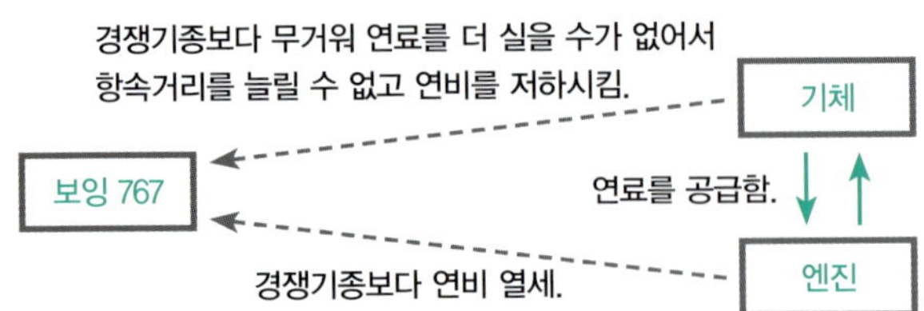

연비와 항속거리가 뛰어난 에어버스 A330을 이기기 위해서는 승객 1인 당의 연료 소비량으로 측정할 수 있는 연료효율을 혁신적으로 개선할 수 있어야 했습니다. 비행기는 크게 기체와 엔진으로 구분할 수 있습니다. 따라서 기체와 엔진의 경량화와 엔진의 효율의 향상이 필요했습니다. 유해한 영향을 미치는 기체의 무게는 경량의 탄소 복합재를 50%로 티탄늄을 15%로 확대 적용하여 감소시켜서 덜 유해하게 만들어서 감소된 무게 만큼이 유익한 영향을 미칠 수 있도록 하였고 또한 배기가스 감소, 소음감소, 연비 20% 향상의 신형 엔진으로 교체하였습니다. 이에 따라 보잉 787이라는 신기종이 탄생했습니다.

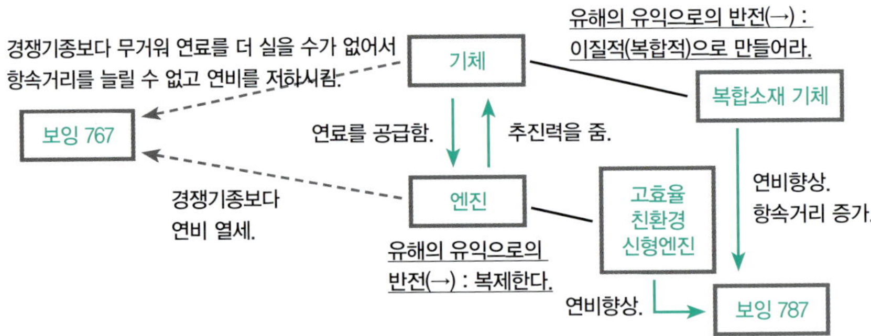

❙ 보잉 787 드림라이너 ❙

3.3.8 CD 재생기

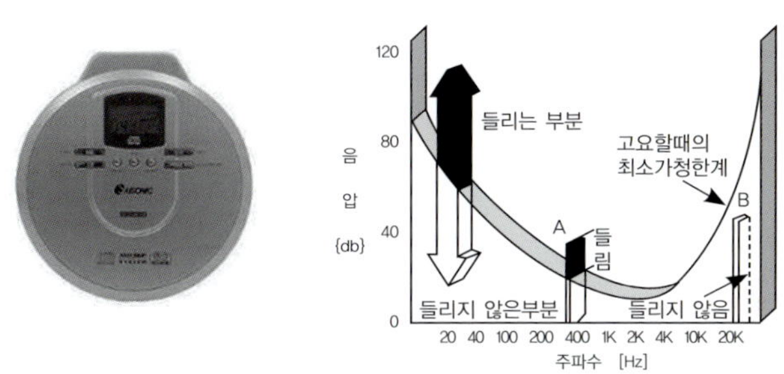

인간과 동물의 가청 주파수 대역

사람 : −1만6천~4만 (Hz), 개 : −8만 (Hz), 박쥐 : −10만 (Hz), 돌고래 : −17만 (Hz)

　음악의 원음을 디지털로 변환하여 저장된 CD를 교체하면서 재생하여 CD에 따라서 여러 종류의 음악을 원음에 거의 가깝게 들을 수 있도록 한 휴대용 CD 재생기입니다. CD 오디오 데이터는 음의 인간의 가청 주파수 뿐만이 아니라 전 주파수대에 걸쳐 샘플링을 하여 디지털화를 하였으므로 재생시 자연음과 똑같이 재생합니다.

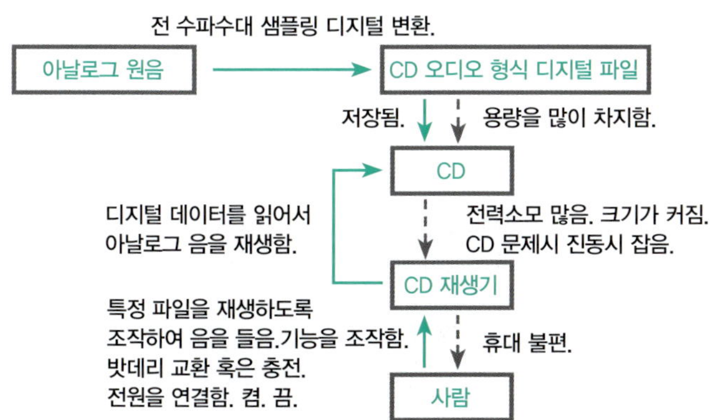

　　CD 오디오 데이터는 음의 전 주파수대에 걸쳐 샘플링하고 디지털로 변화하여 데이터 용량이 커집니다. 또한, CD는 디지털 데이터를 광학적으로 저장하는 장치이고 디지털 데이터의 읽기와 쓰기를 위해서는 모터로 구동되는 기계적 회전 장치와 광신호의 쓰기 장치와 읽기 센서가 있어야 합니다. 그래서 아래와 같은 휴대성 문제와 진동시 재생성 문제와 1회 충전후 연속재생가능시간이 짧음 등의 문제가 발생하여 아래와 같이 해결했습니다.

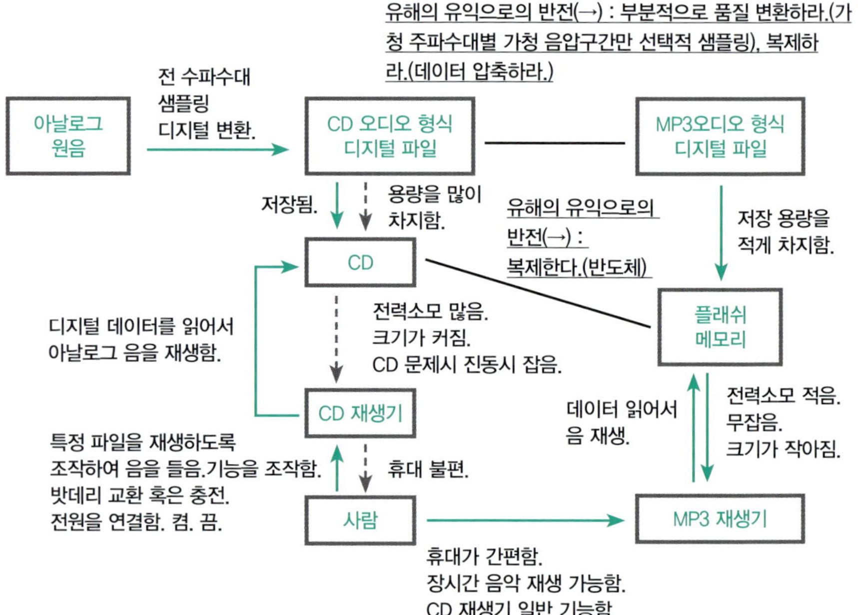

| MP3 재생기 |

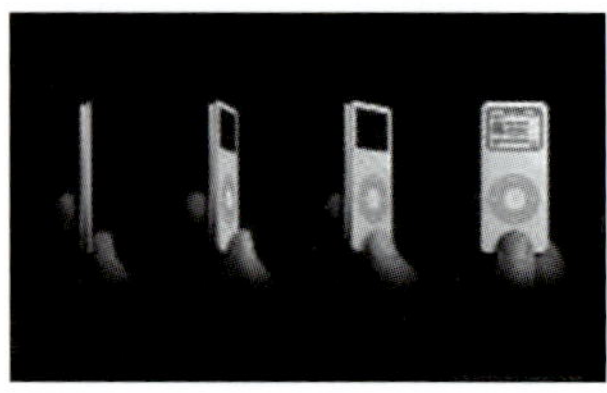

3.3.9 자동차 도로

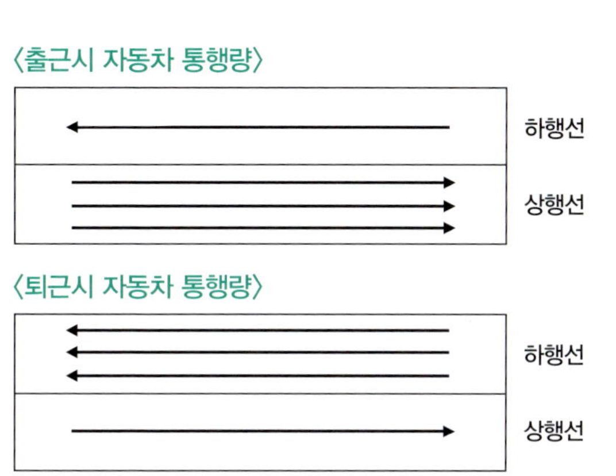

상행 2차선 하행 2차선의 대칭형 왕복 4차선인 도로가 있습니다.

출근시에의 자동차 통행량은 상행선이 하행선의 3배이고, 퇴근시에의 자동차 통행량은 반대로 하행선이 상행선의 3배입니다. 이로 인해 출근시에는 상행선에 극심한 정체가 나타나고 퇴근시에는 하행선에 극심한 정체가 나타납니다.

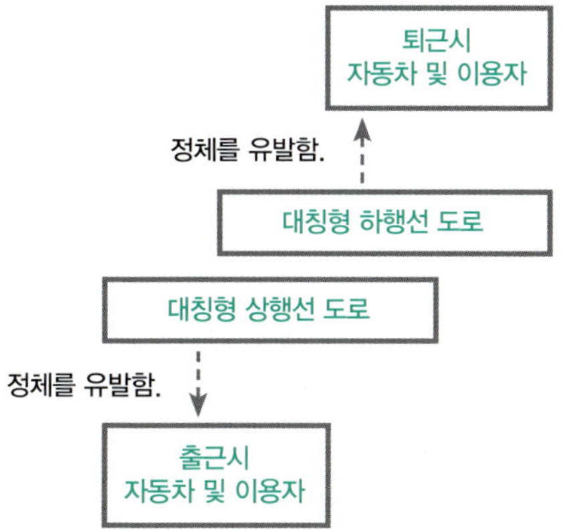

　　출근시 상행선을 이용하는 자동차 운전자와 탑승자는 자동차 정체로 인해서 출근 시간이 많이 걸려서 좀 더 일찍 출근을 해야 하고, 자동차는 저속 운전과 잦은 정차로 기름을 더 소비하게 되며 사고의 위험이 더 많게 됩니다. 퇴근시에는 하행선에서 같은 현상이 발생합니다. 정체를 유발하는 유해한 차선을 흐름이 원활한 유익한 차선으로 바꿀 수 있는지를 생각하면 좋을 것입니다. 따라서, 상하행선을 대칭형으로만 운영하지 않고 자동차의 통행량에 비례해서 차선을 운영하면 문제가 해결될 수 있을 것입니다.

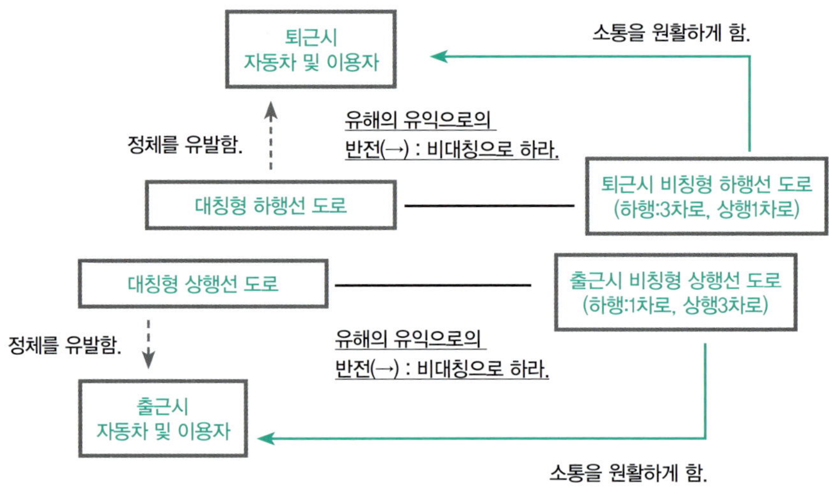

┃ **가변 차선 도로** ┃

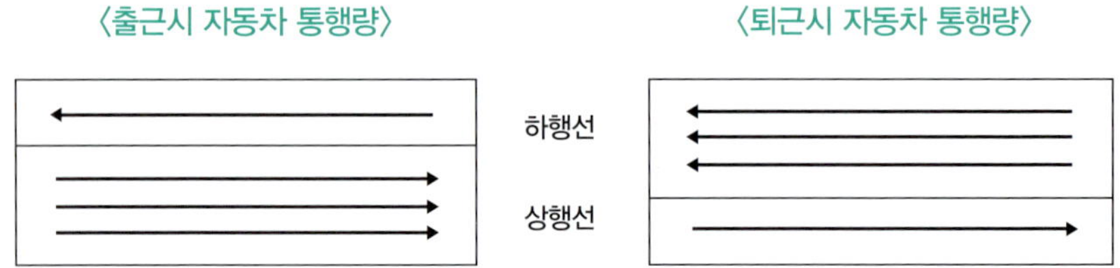

3.3.10 무선이동통신

❙ 초기 무선 통신망의 무선 인터넷 상하향 대칭형 통신 대역폭 ❙

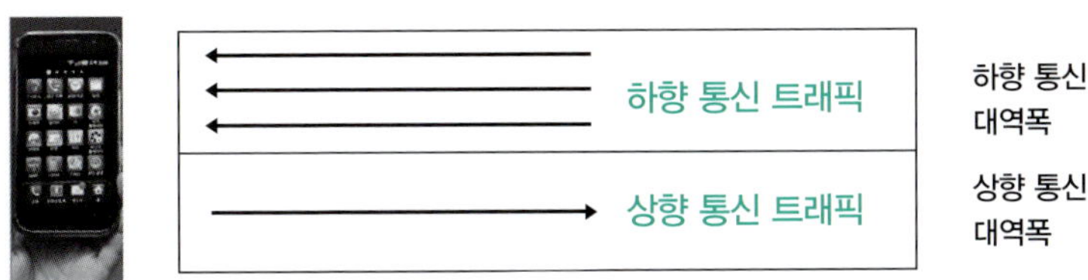

초기의 무선 통신망에서의 인터넷 접속 서비스는 음성통신 서비스와 같이 상하향 대칭형 통신 대역폭을 제공하였다.

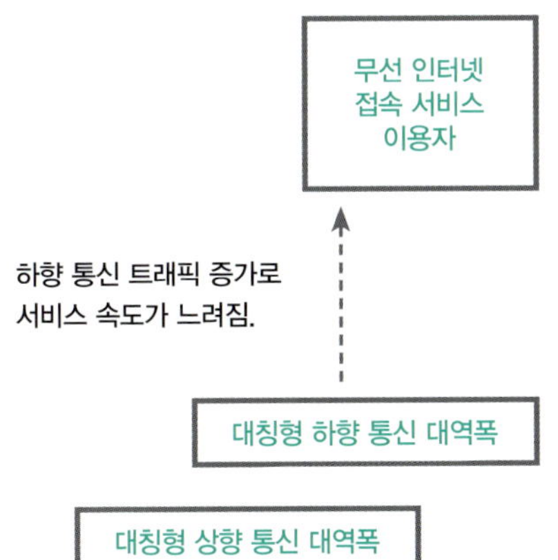

일반적으로 인터넷 서비스 이용시의 발생하는 통신 트래픽의 특성은 인터넷 통신망 서버에서의 데이터가 무선 단말기로 이동하는 하향 통신 트랙픽이 많습니다. 그 이유는 무선 인터넷 서비스의 대부분을 차지하는 웹 기반의 인터넷 홈페이지 접속 서비스와 음악 및 영화의 내려받기 혹은 스트리밍 서비스는 통신망에서의 단말기로의 하향 통신 트래픽이 비대칭적으로 많은 특성을 가지고 있기 때문입니다.

따라서 여러 사람이 하향 대역폭을 공유하여 무선 통신을 하게 되면 통신 트래픽 증가로 전송속도가 느려지게 됩니다. 반면에 상향 대역폭의 통신 트래픽은 여유가 있습니다. 따라서 하향의 대역폭을 상향의 대역폭보다 많이 할당하는 방식으로 무선 통신을 하면 하향의 전송속도 저하를 감소시킬 수 있습니다.

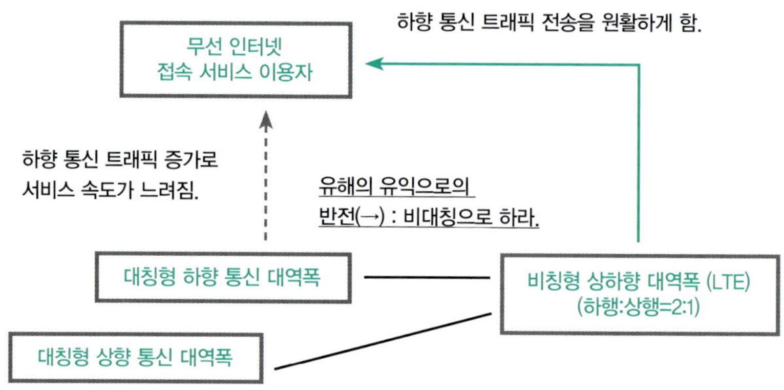

┃ 비칭형 상하향 무선 인터넷 접속 대역폭 ┃

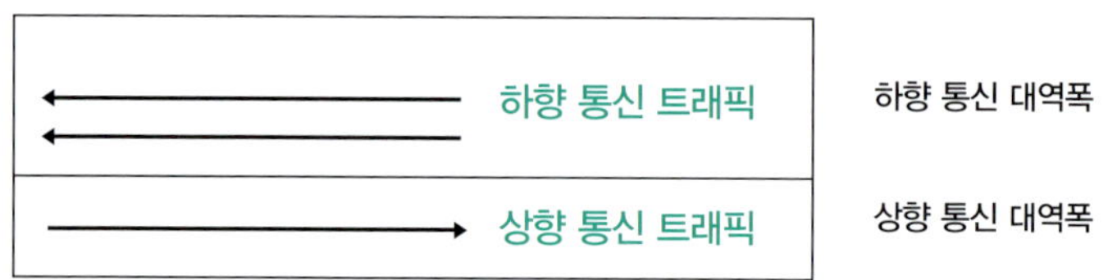

3.3.11 삼성전자의 초기 스마트폰 개발

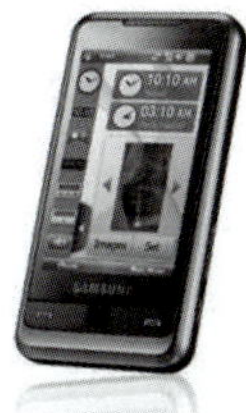

일의 종류	일하는 방식
업무 보고	실무자들은 잘 정리된 보고서만 임원에게 제출함.
제품 개발 과정	실무자들은 잘 정리된 보고서만 임원에게 제출함.
해외 사업자와의 협의	제품이 거의 완성될 때 사업자에게 보여주고 논의함.

삼성전자는 스마트폰 개발 초기에도 위와 같이 너무나도 잘 알고 있었고 익숙했던 기존 휴대폰 개발 시의 일하는 방식으로 스마트폰을 개발하고 있었습니다.

애플의 아이폰의 성공을 확인한 후에 삼성전자는 급속하게 기존 휴대폰의 가입자가 스마트폰으로 전환될 것으로 예측하고 전세계의 사업자와 가입자의 요구사항이 반영된 스마트폰을 지금보다 더 빠르게 개발할 필요성이 대두되었습니다.

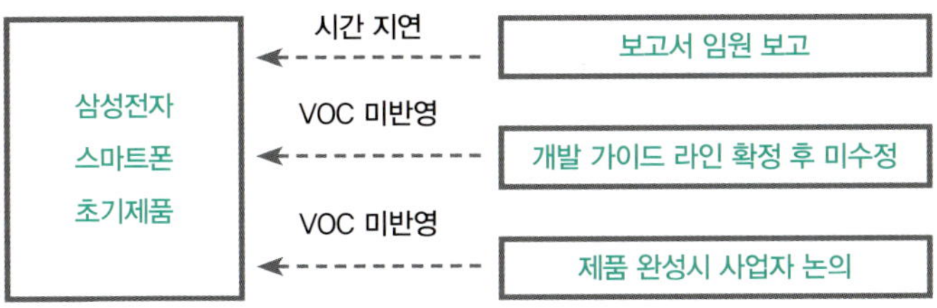

　실무자들이 잘 정리된 보고서만 임원에게 제출하게 되면 보고서 정리에 시간이 필요하게 되고 임원의 보고서 검토후도 실무자에게 임원의 지시나 의사결정이 전달되기까지도 시간이 필요하게 되어 개발기간의 지연을 발생시키게 됩니다. 또한 제품개발 가이드 라인이 일단 정해지면 그대로 개발하는 경우에는 개발도중에 최종 소비자의 요구사항이 변하는 경우에 반영되지 못하여 출시된 제품이 시장에서 실패할 가능성이 있습니다. 또한 제품이 거의 완성될 때 사업자에게 보여주고 논의하게 되면 사업자의 요구사항이 반영되지 않아 추가적 요구사항을 개발하기 위해서 제품의 출시가 지연되거나, 추가적인 요구사항이 반영되지 않은 채로 제품이 출시되어 제품의 판매가 부진할 수 있습니다.

　결국 삼성전자는 초기 스마트폰 개발과 판매에서 실패를 경험하게 됩니다. 이러한 문제를 해결하기 위해서 기존의 일하는 방식을 모두 반대의 방식으로 바꾸어서 하게 되었습니다. 또한, 기존의 MS나 애플의 폐쇄적인 스마트폰 OS를 기반으로 하지 않고 정반대의 개방적인 스마트폰 OS인 구글의 안드로이드 OS를 기반으로 하여 후속 모델인 갤럭시 스마트폰을 기획하였습니다.

　이후 구글의 안드로이드 OS를 기반으로는 개발된 전세계의 스마트폰들은 강력한 반 애플 진영을 형성하였으며, 이것이 성공의 기반을 마련했습니다. 이에 따라 삼성전자에서 개발한 갤럭시 스마트폰은 개발과 판매에서는 큰 성공을 거두게 됩니다.

유해의 유익으로의 반전(→) : 반대로 하라.

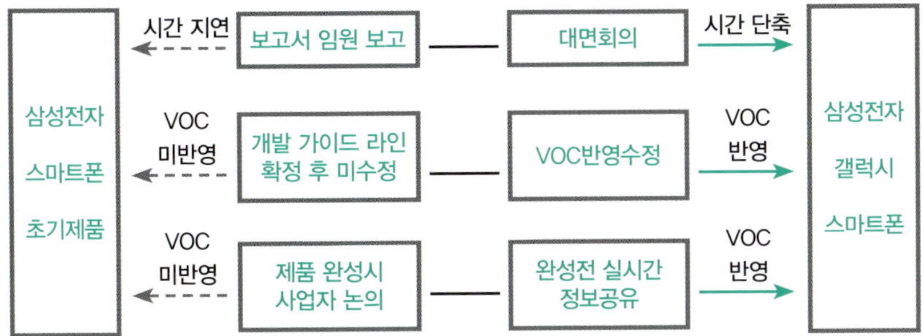

▌ 삼성전자 갤럭시 스마트폰 개발 ▌

일의 종류	일하는 방식
업무 보고	정리되지 않은 다양한 데이터, 자료를 두고 임원과 실무자들이 함께 대면회의
제품 개발 과정	제품 개발 과정에 소비자의 반응을 반영해 가이드 라인을 수십 번 바꿈
해외 사업자와의 협의	제품 완성 전에도 실시간으로 정보를 사업자와 공유

3.3.12 출퇴근 승객이 증가하는 초고속 열차

주말 거주와 주중 업무의 기능을 분담하는 도시간을 최고 시속 300km로 달리는 초고속 열차는 월요일 아침 시간대에는 주로 하행선의 객차와 금요일 오후시간에는 주로 상행선의 객차를 비대칭적으로 이용하는 승객의 숫자가 계속적으로 늘어나서 초고속 열차를 타지 못하는 승객이 늘어나서 고민입니다.

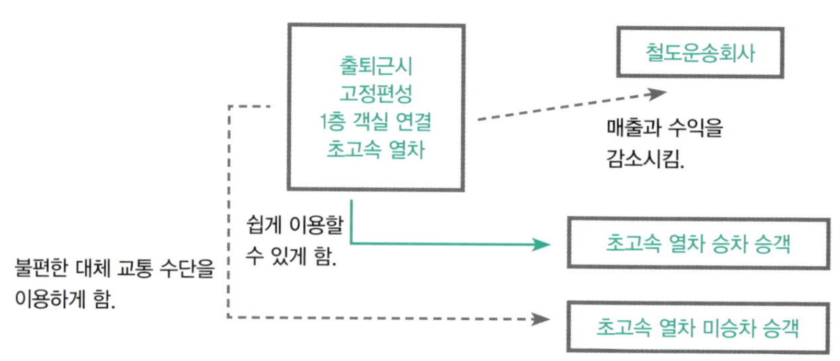

따라서, 초고속 열차를 이용하고자 하는 이용객들은 수송 수요가 몰리는 시간대에 초고속 열차를 이용할 수 없어서 대체 교통 수단을 이용 할 수밖에 없는 불편을 감수해야 하고, 철도운송회사의 매출과 수익도 증가하지 않게 됩니다.

운송 수요가 몰리는 시간대에 운행 편성을 늘리지 않고 승객의 수송을 원활하게 할 수 있게 하기 위해서는 1편의 초고속 열차에서 1인당 운송비용이 저렴하게 할 수 있어야 합니다. 즉 객차당 운송인력을 획기적으로 배가시킬 수 있어야 합니다.

이를 위해서 아래와 같이 2층 객실을 갖는 초고속 열차를 개발하여 운영하게 되었습니다.

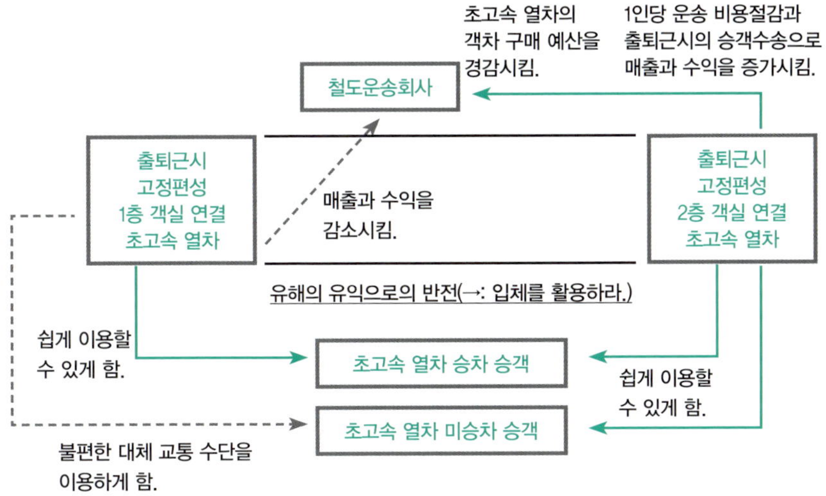

▌ 2층 객차 초고속 열차 ▌

3.3.13 잘 떨어지는 테이프

　3M에서는 접착하고자 하는 물체에 잘 달라 붙고 일단 붙은 후에는 잘 떨어지지 않는 새로운 테이프를 개발하기 위해서 접착제 연구를 하고 있었습니다. 접착력이 강력한 새로운 테이프 접착제를 개발하기 위해서 기존의 잘 알려진 접착제 배합 물질을 쓰지 않고 새로운 물질을 혼합한 접착제를 개발하였습니다. 시험결과 의도하지 않는 특성이 접착제에서 발견되었습니다. 달라 붙기는 했으나 강한 접착력을 보이지 않고 붙은 면을 손상하지 않으면서 쉽게 떨어지는 성질을 가지고 있었습니다.

　개발자들은 원하는 특성이 나타나지 않아서 새로운 접착제의 연구를 중단하였으며 개발 결과는 보고서로 정리하여 회사에 공식 문서로 등록하였습니다.

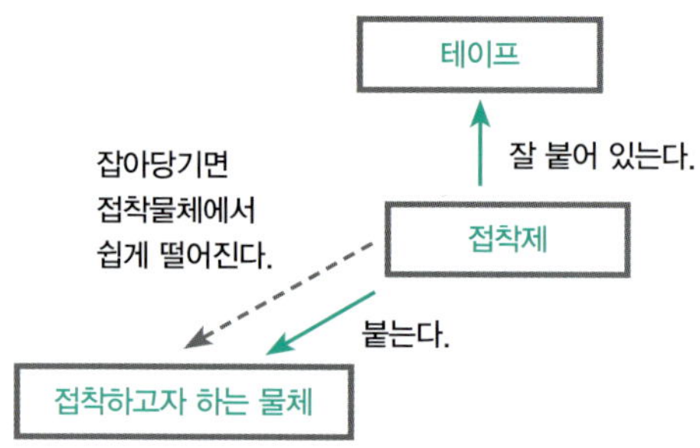

테이프에 도포된 접착제가 테이프에는 잘 붙어있지만 접착하고자 하는 물체에는 일단 붙었다가 테이프를 접착하고자 하는 물체에서 떼어내면 쉽게 떨어지고 다시 테이프에 붙이면 다시 붙었다가 다시 떼어내면 쉽게 떨어지는 성질이 있어서 일단 붙으면 쉽게 떨어지지 말아야 하는 일반 테이프의 제조에서는 사용할 수 없습니다.

이런 용도로는 유해하지만 다른 용도로는 유익할 수 있다는 생각의 전환이 필요합니다. 그러면 유해한 기능을 유익한 기능으로 사용할 수 있을 것입니다. 그래서 일단 붙지만 쉽게 떨어지고 다시 잘 붙는 성질의 상용화에 실패한 테이프를 성경의 책갈피 표시용의 유익한 기능으로 사용한 후에 상용화하였습니다.

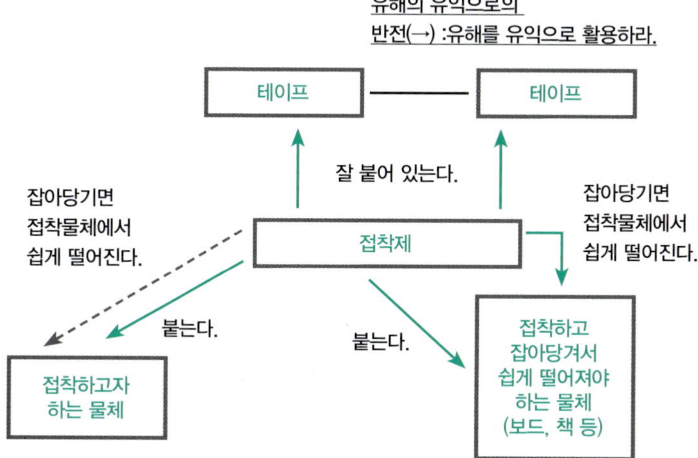

▮ 붙이면 잘 떨어지고 다시 붙일 수 있는 메모지와 책갈피 테이프로의 상용화 ▮

3.3.14 냉온수 수도꼭지

냉수의 흐름을 조절할 수 있는 수도꼭지와 온수의 흐름을 조절할 수 있는 수도꼭지의 각각을 조절하여 온수와 냉수의 양과 혼합 비율을 조절하여 쓸 수 있도록 하는 수도꼭지가 있습니다.

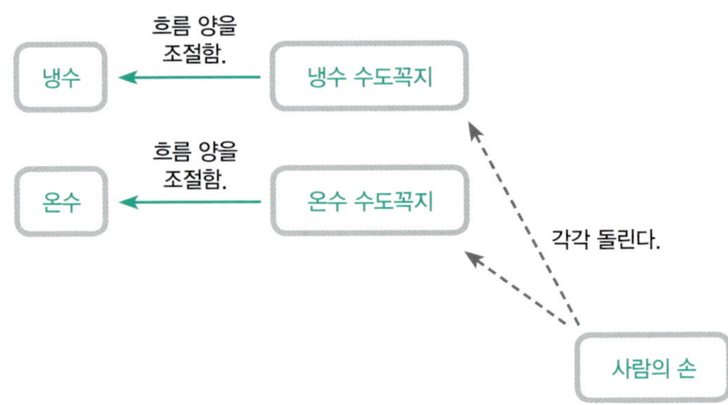

　온수와 냉수를 반반씩 섞어서 물을 사용하고자 하는 경우는 온수 수도꼭지를 반쯤 열고 다시 냉수 수도꼭지를 반쯤 열어야 합니다. 즉 2번의 손으로 2개의 수도꼭지를 돌리는 동작이 필요합니다. 또한 이때에 물의 흐름을 잠그고자 하는 경우에도 온수 수도꼭지를 닫고 다시 냉수 수도꼭지를 닫아야 합니다. 즉 2번의 손으로 2개의 수도꼭지를 돌리는 동작이 필요합니다. 이러한 유해한 번거로운 손 동작을 줄이기 위해서는 온수와 냉수의 비율과 흐름의 양을 조절할 수 있는 다기능의 한 개의 수도꼭지를 만들면 가능할 것입니다. 그러기 위해서는 한 축에서 회전하는 수도꼭지 방식보다는 보다 자유롭게 입체적으로 움직이는 수도꼭지 방식이 적합할 것입니다.

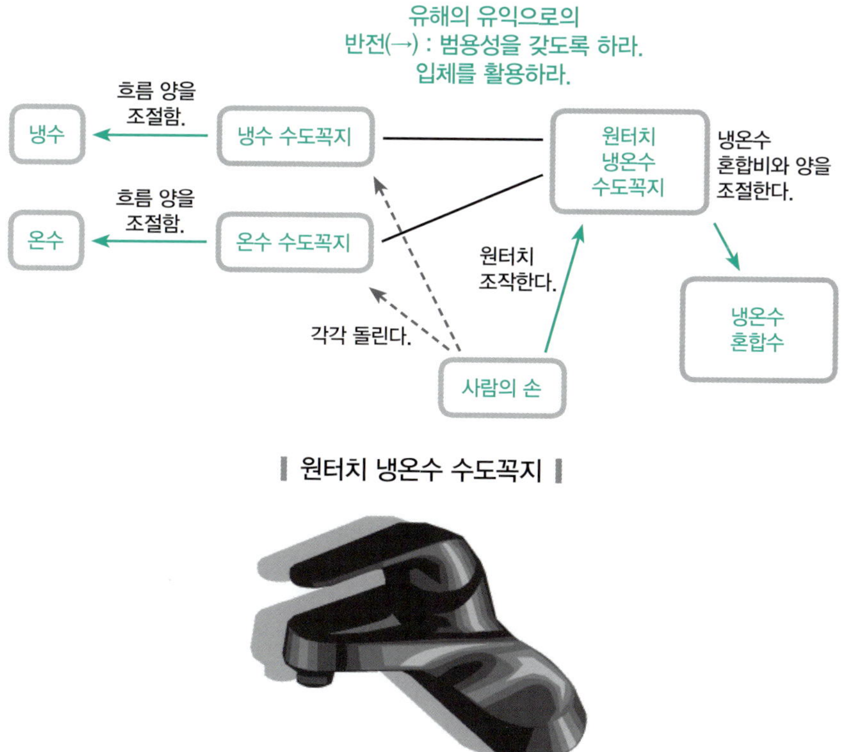

❚ 원터치 냉온수 수도꼭지 ❚

3.3.15 카트 사용

　　대형 마트에서는 보통 자동차를 몰고 가서 쇼핑을 하기 때문에 쇼핑량이 많아서 카트를 사용하게 됩니다. 쇼핑을 마치고 자동차에 쇼핑한 물건을 실은 후에는 보통 자동차 근처에 쇼핑 카트를 놓고 자동차를 운전하여 다음 목적지로 갑니다.

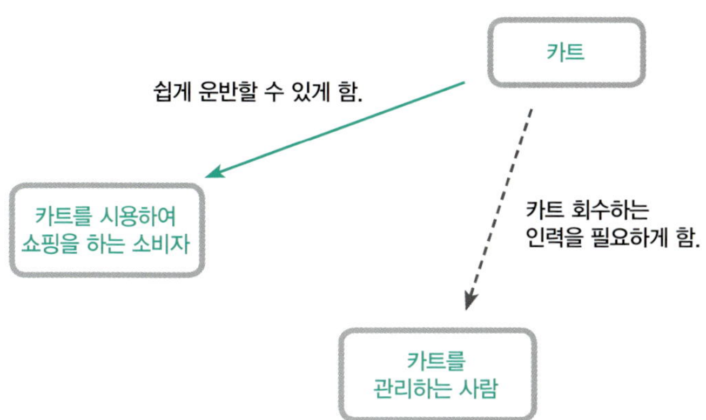

카트를 자동차 옆에 놓고 짐을 실은 후에 다음 목적지로 가게 되면 카트를 회수하여 다시 카트를 쇼핑객에게 주어야 하는 일이 해야 합니다. 따라서 카트를 사용한 후에는 일정한 장소에 카트를 두고 가게 할 수 있는 방법으로 개선하는 것이 필요합니다.

이를 위해서 카트를 사용하려면 동전을 투입해야 하고 사용후 정상적으로 반납을 하면 카트에 투입된 동전을 찾아 갈 수 있고 사용후 정상적으로 반납을 하지 않으면 동전을 찾아갈 수 없게 하는 동전의 투입과 반환의 기능이 있는 카트를 개발하여 사용하게 됩니다. 이러한 동전을 통한 선행의 반대 조치의 가능으로 개개의 카트들을 일일이 회수해야만 하는 유해를 감소시켰습니다.

카트
유해의 유익으로의 반전(→) :
선행의 반대 조치를 하라.
쉽게 운반할 수 있게 함.
사용전 투입 동전을 카트 반납시 돌려줌.
쉽게 운반할 수 있게 함.
카트를
시용하여
쇼핑을 하는
소비자
카트를 반납하게 함.
동전 사용 카트
카트 회수하는
인력을 필요하게 함.
카트를
관리하는 사람
카트 회수하는
인력을 적게
필요하게 함.

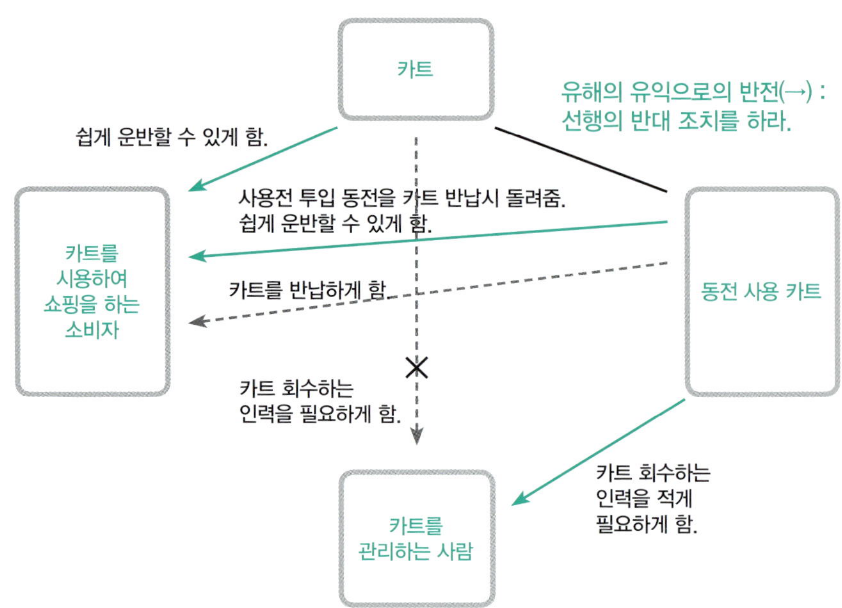

▮ 동전 사용 카트 ▮

3.3.16 대형마트의 계산대

한 줄의 고객의 계산과 결재를 위해서는 3개의 줄이 필요합니다.

주말에는 대형 할인 마트에서 계산과 결재의 통로가 부족하여 고객의 계산과 결재를 위한 대기 줄이 길어 집니다. 점원을 더 채용해도 주말 고객의 불편을 감소시킬 수 없습니다.

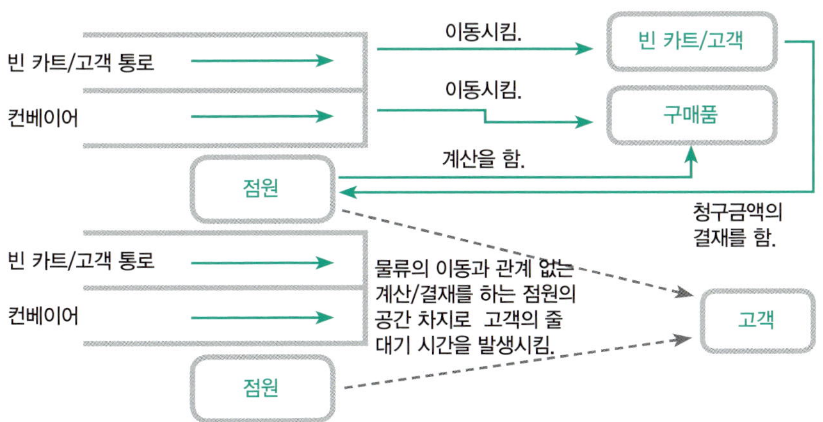

119

주말에는 고객이 많이 왔으나 평일과 같이 물류의 이동과 관계 없는 계산/결재를 하는 점원이 공간 차지하는 고정된 형태로 운영하여 점원을 늘려도 계산대를 늘릴 수 없어서 고객의 줄이 길어져서 고객의 대기 시간을 평일보다 많이 발생시킵니다. 물류이동과 직접적으로 관계가 없으면서도 공간의 사용의 유해가 발생하는 점원의 줄 공간의 공동 사용으로 2개의 계산대 고객 통로에 6줄을 5줄로 감소시킵니다. 기존 5개의 계산대 고객 통로(15개 줄 = 5 고객 통로＊3줄/1 고객 통로) 공간을 6개의 계산대 고객 통로(15줄=6 고객 통로＊5줄/2 고객 통로) 공간으로 사용할 수 있어서 주말에 20% 늘어난 계산대 고객 통로수 만큼 점원을 채용하면 계산대가 늘어나서 고객의 줄 대기 시간이 단축됩니다.

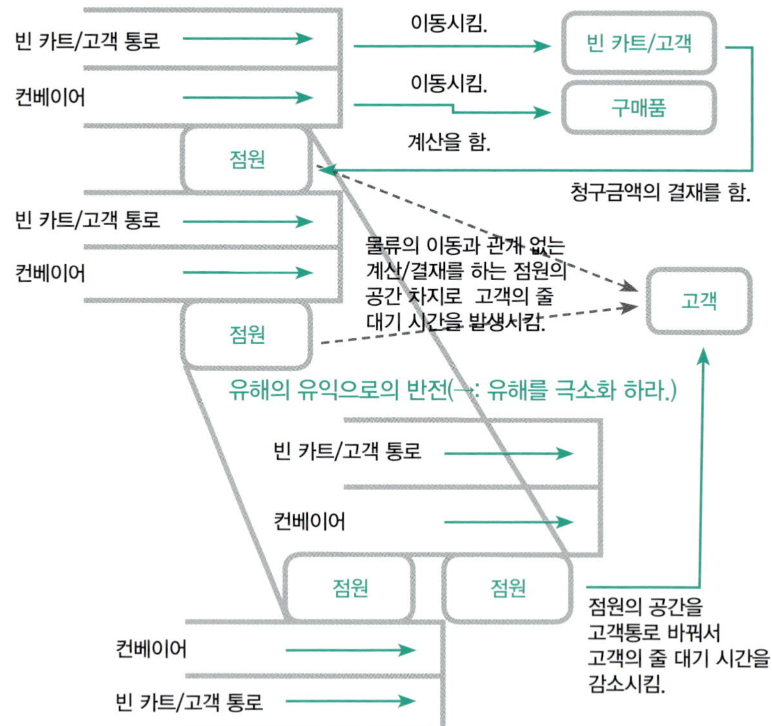

3.3.17 광통신

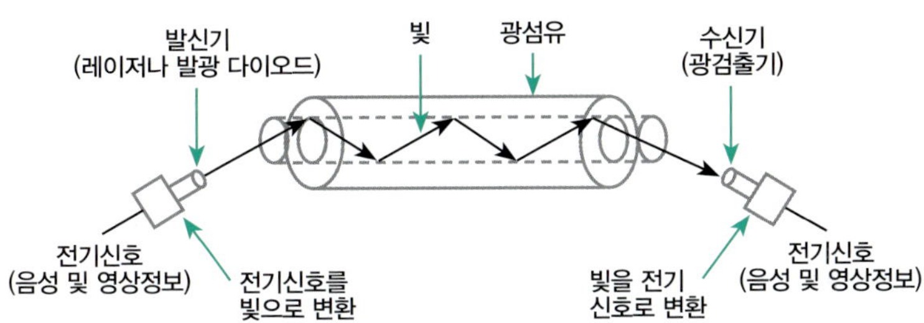

단일 파장 광통신은 디지털의 전기신호를 단일 파장 광신호로 변환하여 광섬유를 통해 전송하는 방식으로 광섬유의 광신호 감쇄가 적어서 장거리 전송에 적합했습니다.

광발신기와 광검출기의 성능향상에 의해서 단일 파장 광통신의 통신속도는 증대되었습니다.

이러한 광통신망에 필요한 광통신 선로의 구축에는 장거리의 토목과 건설공사가 필요하여 많은 투자가 필요했습니다.

예상을 뛰어 넘는 통신 서비스의 수요의 지속적인 증대로 광통신 선로의 광섬유 증설 공간의 포화가 예상되고 있습니다.

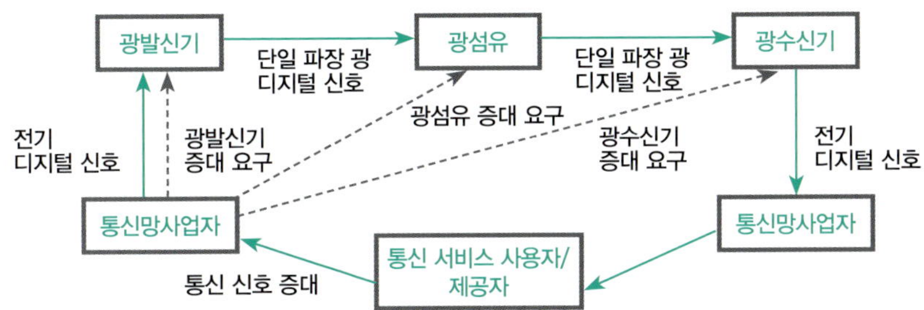

기존의 단일 파장 광통신 방식을 고집하게 되면 통신용량의 증대를 위해서 막대한 투자가 소요되는 별도의 광통신 선로를 구축해야 한다. 별도의 광통신 선로의 구축이 필요하지 않는 다른 광통신 방식을 만들어야 합니다.

하나의 광섬유에 파장이 다른 여러 가지의 디지털 광 신호를 통합하여 발신하여 전송하고 수신하여 분리할 수 있다면 광섬유의 증설이 필요하지 않을 것입니다. 그래서 다중파장 광통신 방식이 개발되었습니다.

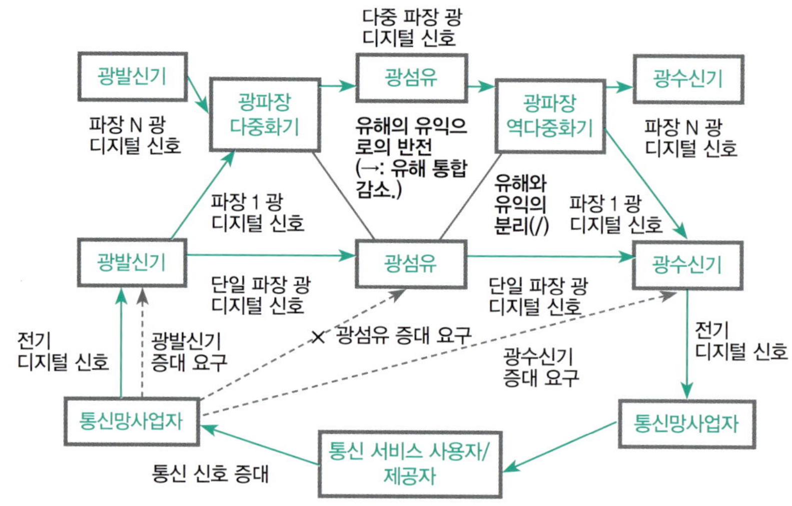

▮ 다중파장 광통신 ▮

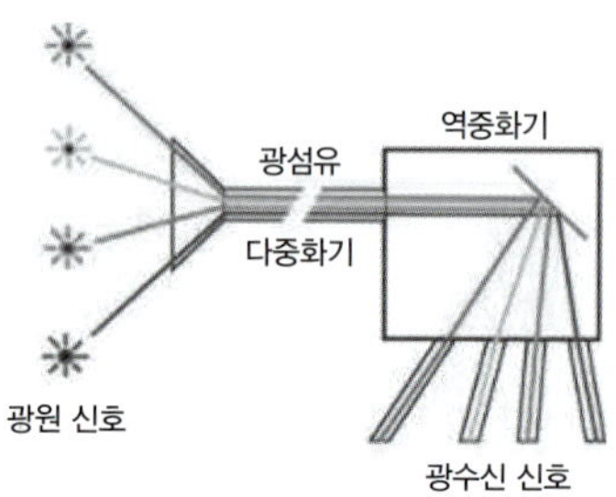

3.3.18 우체국

우편을 주고 받기 시작하면서 우체국이 등장하게 되었습니다.

초기에는 우체국이 적어서 우체국 서로가 직접 우편물을 주고 받았습니다. 점점 우체국이 늘어나게 되었습니다.

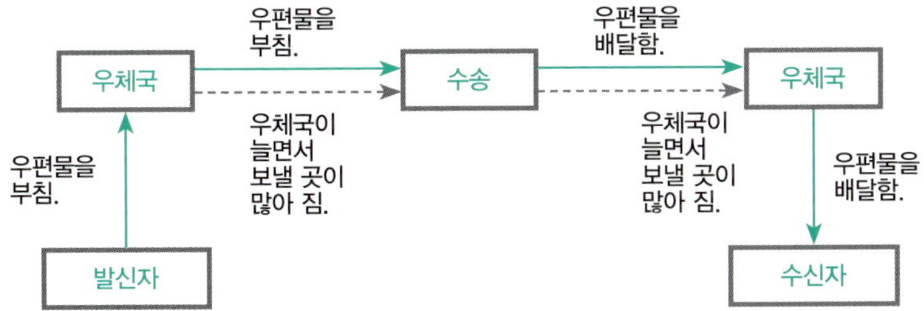

같은 지역의 우체국들은 우편물을 지역 대표 집중국으로 보내서 분류하여 다른 지역의 집중국들로 수송하고 그 지역 우체국을 통해 수신자에게

배달될 수 있게 하였습니다.

이로 인해서 집중국간에 수송만하게 되어 수송 효율을 높일 수 있게 되었습니다.

국제 우편의 경우는 인천공항의 집중국으로 보내서 각 국가별로 분류하여 다른 나라의 국제 우편 집중국으로 수송하게 됩니다.

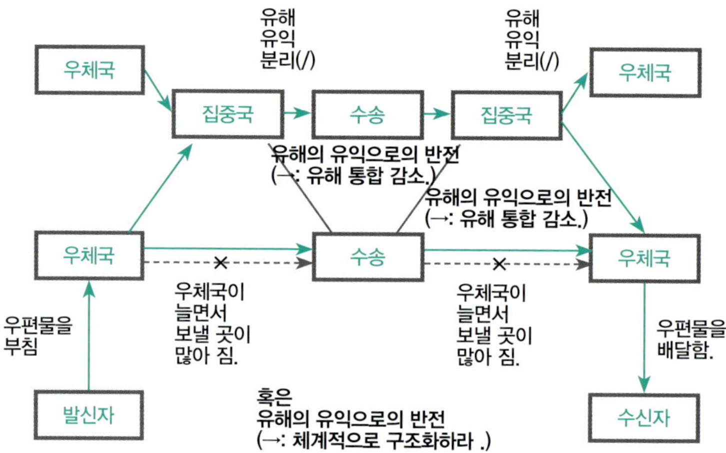

집중국 운영 (다단계의 체계적 구조화 물류 운영)

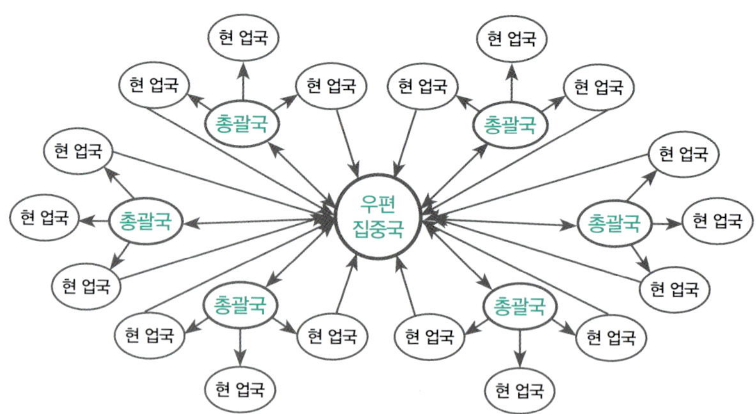

3.3.19 지역 항공 서비스

1967년에 켈러허와 동료들은 미국 텍사스 주의 달라스에 본사를 둔 사우스 웨스트 항공사를 설립하였습니다. 그리고 1971년 6월 18일 비행기 3대로 항공 서비스를 개시하였습니다. 그 당시 미국 항공사들의 국내 항공 서비스에는 미국의 주요 도시들간을 연결하는 허브(Hub) 공항간 연결 장거리 항공 서비스와 허브 공항이 있는 이들 주요 도시와 중소 공항이 있는 인근 중소 도시들을 연결하는 허브 공항과 중소 공항 연결 단거리 항공 서비스가 있었습니다.

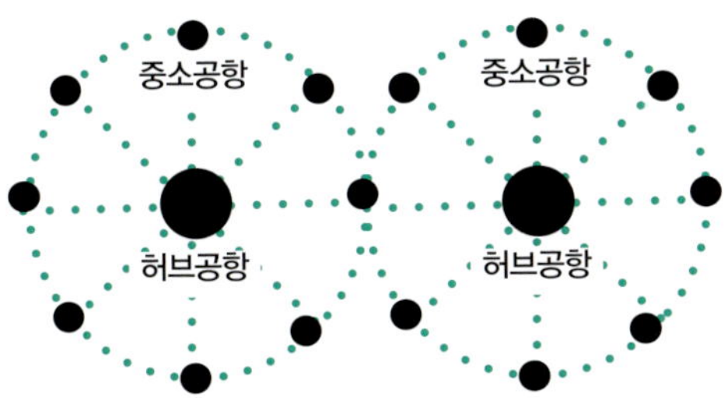

이러한 항공 서비스로 현재 머무는 중소 도시에서 직접 연결되지 않은 다른 중소 도시로 가기 위해서는 우선 목적지 중소 도시의 중소 공항이 출발지 중소 도시의 중소 공항과 같은 허브 공항으로 직접 연결되어 있으면 일단 그 허브 공항으로 가는 비행기를 타고 가서 내린 후에 목적지 중소 공항으로 가는 비행기를 갈아타고 가면 됩니다.

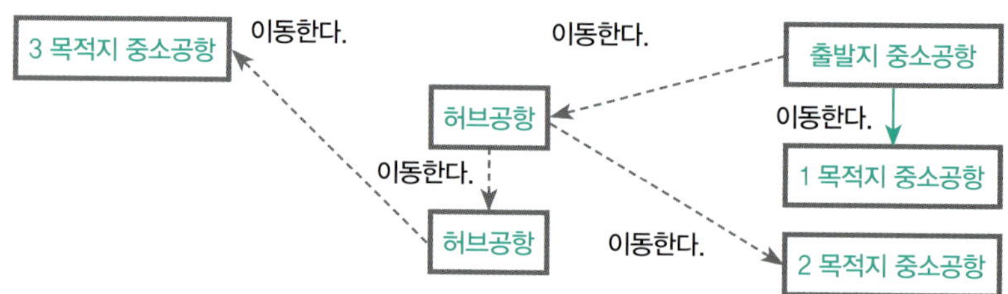

　　그러나 목적지 중소 도시와 출발지 중소 도시가 같은 허브 공항으로 직접 연결되어 있지 않으면 일단 직접 연결된 허브 공항으로 가서 목적지 중소도시와 직접 연결된 다른 허브 공항으로 가고 다시 목적지 중소 도시의 중소 공항으로 가야 합니다.

　　직항로가 없는 중소 공항간의 이동은 반드시 허브공항을 1개 이상을 경유해서 1번이나 2번을 갈아타야 하는 고객의 유해가 발생하게 됩니다. 이러한 유해를 유익으로 반전시키기 위해서는 갈아타지 않고 가는 방식의 항공 서비스 즉, 직접 가는 방식의 항공 서비스를 생각하게 됩니다.

　　고객의 입장에서 항공 비용과 총 이동 시간과 대기 시간이 많이 발생하는 유해를 유익으로 반전시키기 위해서 한번에 대형 비행기로 가는 방식이 아니라 반대로 소형 비행기로 빈번하게 가는 방식 즉, 소형 항공기에 의한 항공 서비스를 생각하게 됩니다.

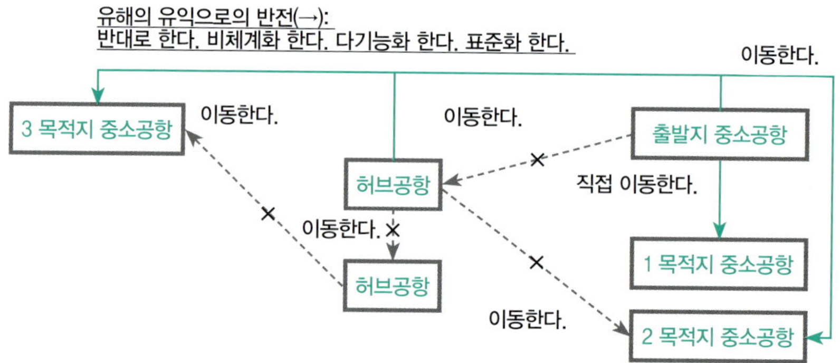

　그래도 고객에게 매력적인 가격으로 제공하면서도 항공사의 적정 수익을 얻으려면 추가적으로 원가를 절감해야 했습니다. 그래서 원가를 발생시키는 유해를 유익으로 반전하기 위해서 기내식 제공을 음료,땅콩 스낵류 제공으로 바꾸었고, 지정 좌석을 선착순 좌석으로 바꾸었고, 비행기 정비 비용을 절감하기 위해서 비행기 기종을 단일 기종인 보잉 737로 표준화하였으며, 타사 일반적인 35분의 비행기 착륙에서부터 이륙까지의 시간을 15분으로 단축할 수 있도록 직원들은 다기능 업무를 협력하여 처리하였습니다.

　이렇게 하여 고객의 여행시간과 비용을 절감할 수 있도록 소형비행기로 중소도시간 직항로를 빈번하게 운행하면서도 원가를 절감하여 항공사의 수익을 보장할 수 있는 저가 지역 항공 서비스가 탄생하게 되었습니다. 현재 전세계 대부분의 나라에서 많은 신생 항공사들이 저가 지역 항공 서비스를 제공하고 있습니다.

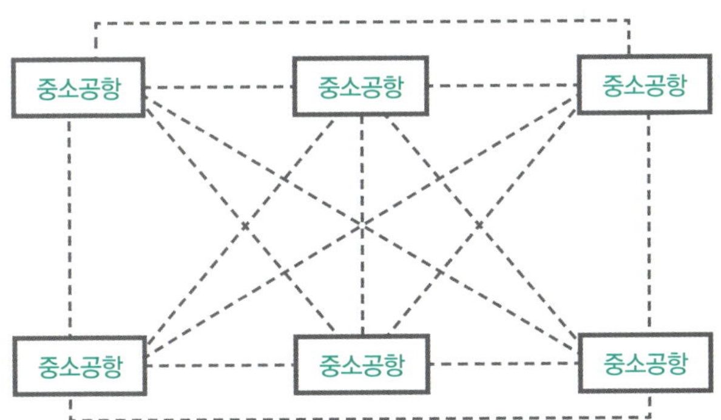

3.3.20 X-레이선

1894년 5월 5일 레나르트는 뢴트겐에게서 음극선을 금속 박판에 쏘기 위한 실험장치에 관한 문의 편지를 받은 적이 있었습니다. 이때 레나르트는 뢴트겐에게 레나르트의 창문에 사용되는 금속 박편을 만드는 방법을 알려주었다. 뢴트겐은 레나르트의 도움을 받아서 히르토프-크룩스 관을 제작하여 레나르트의 실험을 반복해 볼 수 있었습니다.

실험도중에 책상 위에는 형광물질인 백금 시안화 바륨이 입혀진 종이 한 묶음이 놓여 있었습니다. 관에 전류를 흘려 보내고 나자, 종이 위에는 형광이 생겼습니다. 당시 관점에서 보면 그것은 빛 때문에 생기는 것이었습니다.

음극선관을 검은 종이로 감쌌기 때문에 음극선이 새나갈 이유는 없었습니다. 그렇다면 어떤 무엇이 음극선관으로부터 검은 종이를 통과해 밖으로 새나간 것이었습니다. 뢴트겐은 음극선관에서 백금 시안화 바륨이 입혀진 종이에 형광을 띠게 하는 새로운 종류의 '선(ray)'이 나왔을 것이라고 가설을 세웠습니다. 즉, 새로운 형태의 에너지인데 빛처럼 직선으로 전파되기 때문에 선이라 생각을 했습니다.

그는 음극선과 스크린 사이에 검은 종이 대신 나무판자, 헝겊, 금속판 등을 바꿔가며 실험을 반복했습니다. 그 결과 이 선은 1000쪽에 이르는 책을 통과하는 것은 물론 나무와 섬유, 고무를 포함해 수많은 물질을 통과했습니다. 하지만 1.5mm이상 두께의 납은 통과하지 못했습니다.

　여기서 그는 기발한 아이디어를 생각해 냈습니다. 이 새로운 선에 사진 인화의 원리를 접목한 것이었습니다. 당시 사진은 유리나 셀룰로이드 같은 불투명한 건판에 화학반응을 일으키는 감광물질을 바르고 빛을 쪼여서 얻었습니다. 이 때 필름에 쪼여지는 빛의 세기에 따라 감광반응을 일으키는 정도가 달라 흑백 명암으로 그림이 그려집니다.

　만약 어떤 물체에 이 새로운 선을 통과시킨다면 새로운 선이 통과되는 양에 따라 흑백 명암이 다르게 나타날 것이고 그는 가설을 세웠습니다. 이 가설을 검증하기 위해 뢴트겐은 아내를 설득해 음극선관과 건판 사이에 손을 놓아보라고 했습니다.

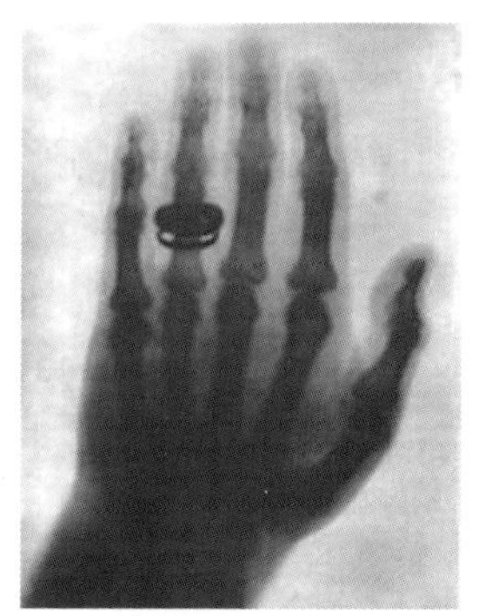

　스위치를 누르고 건판을 현상해 보니 뼈의 윤곽은 뚜렷하게, 뼈 부근의 근육은 희미하게 그려져 있었습니다. 역사상 처음으로 살아있는 사람의 뼈가 사진으로 찍힌 순간이었습니다. 수학에서 모르는 양을 흔히 X로 표시하듯 뢴트겐은 이 빛을 X-선이라고 이름 붙였습니다.

　그러나, X-선은 극히 짧은 파장의 빛으로 원자사이를 통과할 수 있어서 장기간 노출되면 세포내 유전자변형으로 암과 같은 병에 걸릴 수 있습니다.

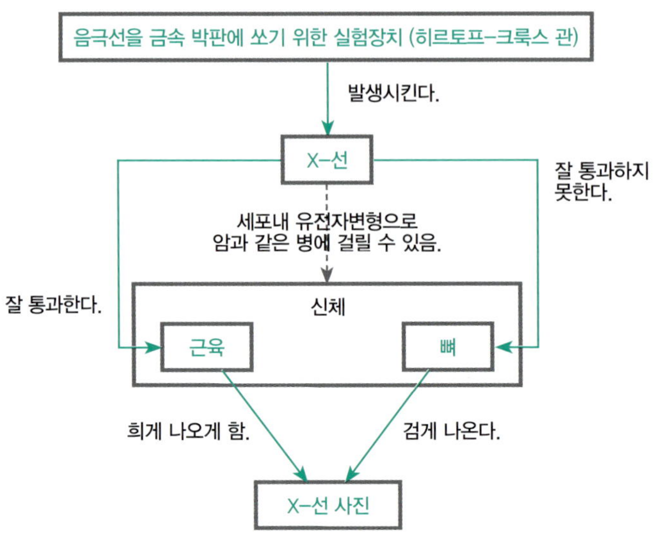

　　X–선을 이용하여 몸의 내부를 촬영할 수는 있으나 유해하여 지속적으로 사용할 수는 없습니다. X–선은 사람에게 유익과 유해를 동시에 가져다 주기 때문입니다. 따라서 유해를 유익으로 반전시키기 위해서 유해를 극소화하여 유익으로 활용하라는 원리를 적용하여 유해를 해결하면서 유익을 얻을 수 있는 지를 검토하면 가능합니다. 이에 따라 1회 X–선의 촬영 출력 강도와 1회 X–선의 촬영 노출 시간, 1년간 촬영회수, X–선 촬영 안전 장치 조건 등의 X–선 촬영 안전 기준을 제정하고 이를 준수하여 사용하도록 하고 있습니다. 이를 통해 인류는 많은 의료적 혜택을 누려왔습니다.

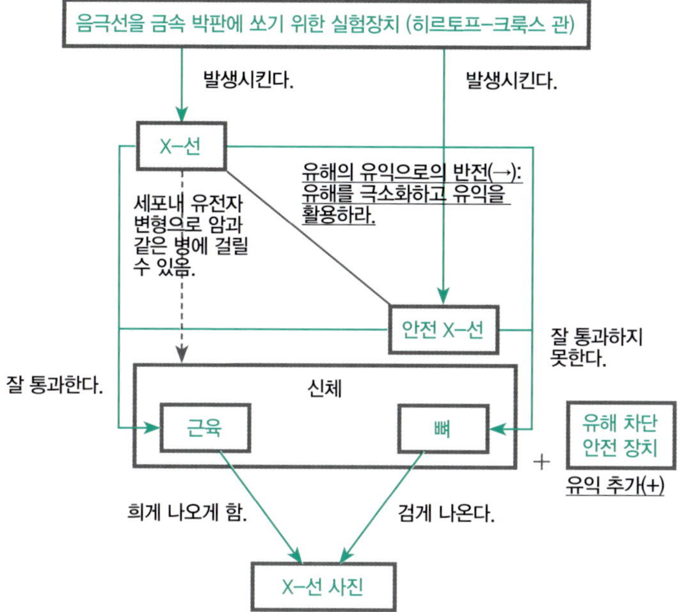

음극선을 금속 박판에 쏘기 위한 실험장치 (히르토프–크룩스 관)
발생시킨다.
발생시킨다.
X–선
유해의 유익으로의 반전(→):
유해를 극소화하고 유익을
활용하라.
세포내 유전자
변형으로 암과
같은 병에 걸릴
수 있음.
안전 X–선
잘 통과하지
못한다.
잘 통과한다.
신체
근육
뼈
유해 차단
안전 장치
유익 추가(+)
희게 나오게 함.
검게 나온다.
X–선 사진

3.3.21 위기의 퀄컴

1985년 군사통신 기술을 개발하는 무명 벤처기업으로 출발한 미국의 퀄컴은 1990년대 초반 군사 무선 통신 기술을 응용해 CDMA라는 원천기술을 개발했지만, 이미 유럽에서 통용되던 GSM 기술에 밀려 미국에서조차 퀄컴의 CDMA 기술이 무선이동통신 표준으로 제정되는데 실패했으며 미국 이외의 대부분의 신흥 국가에서도 무선이동통신표준으로 퀄컴의 CDMA 기술을 채택하지 않았기 때문에 미국의 퀄컴은 도산 위기에 있었습니다. 당시 한국은 아직 이동통신표준이 아직 제정되어 있지 않았습니다. 그러나 퀄컴은 도산 위기를 극복하고 세계 초일류 통신기술 회사가 되고 싶었습니다.

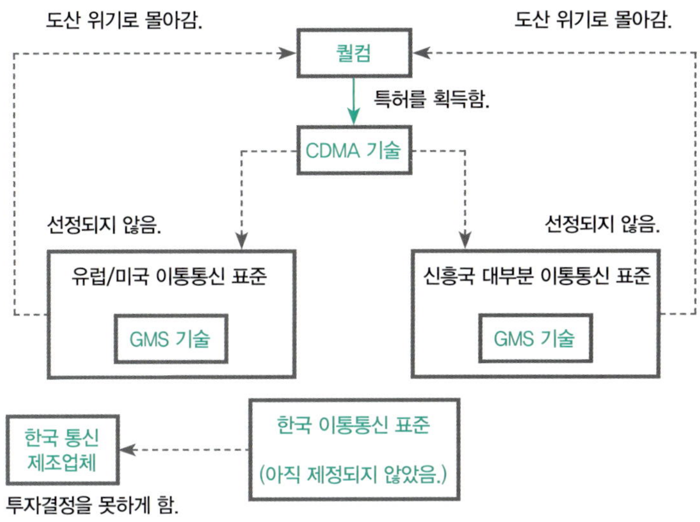

이러한 신흥국의 무선이동통신 표준으로의 CDMA 불채택에 의해 도산의 위기에 처하는 유해를 유익으로 반전시키기 위해서 퀄컴은 무선이동통신 서비스를 준비하면서 아직 무선이동통신 표준을 정하지 않은 한국과 같은 신흥국의 무선이동통신 표준으로 CDMA를 채택하게 선행 조치를 하였습니다.

당시 한국은 GSM 방식으로 무선이동통신 표준을 채택하게 되면 경쟁력이 충분히 갖추어진 유럽산 무선 통신 장비와 휴대폰을 전량 수입해서 서비스를 제공해야 하기 때문에 국내에서 무선 이동 통신 장비와 휴대폰을 개발하고 제조할 수 있는 기반이 조성되지 못 하여 미래의 새로운 성장 동력을 잃어 버리게 될 수 있다고 생각을 갖고 있었습니다.

결국 퀄컴의 이해와 한국 정부의 이해가 맞아서 한국은 무선이동통신 표준으로 CDMA를 채택하였으며 이를 통해 퀄컴은 도산의 위기에서 벗어나게 되었습니다.

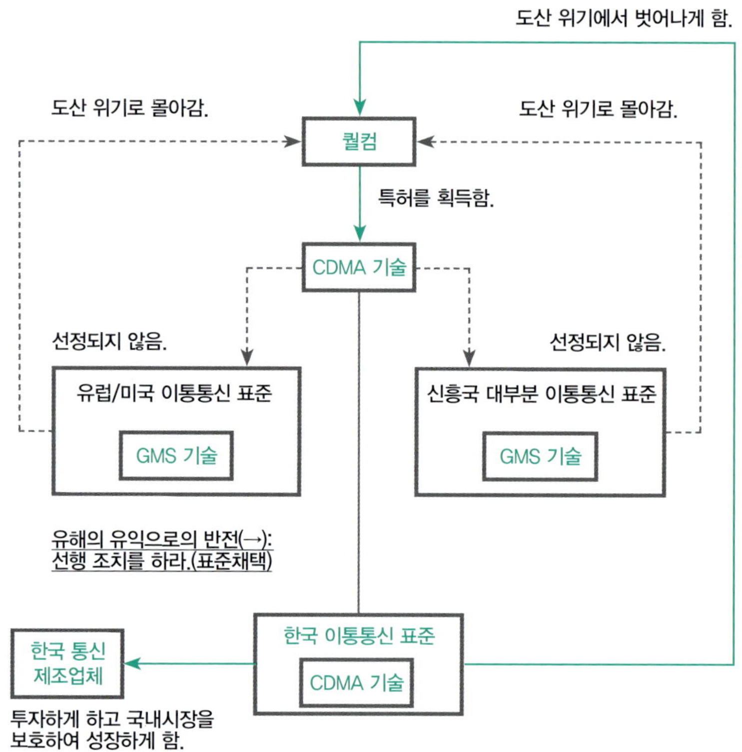

한국에서의 성공적인 CDMA 기술을 사용 무선 이동통신 서비스의 제공으로 다른 나라들도 이어서 CDMA를 채택하게 되었다. 이를 통해 퀄컴은 통신방식 원천기술 보유자와 모뎀칩 제조사, 부품 제조사, 모바일 소프트웨어 제조사로서 세계적 기업으로 성장하는 발판을 마련하게 되었습니다.

또한 한국의 단기제조사인 LG전자와 삼성전자는 아래 그림에서와 같은 기술/부품/제품/서비스로 구성된 이동통신 서비스 사업 생태계를 바탕으로 우선 CDMA 단말기 제조사로서 성장하게 되었으며 나중에는 GMS 단말기 제조사로서도 성장하게 되었습니다.

특히 한국의 삼성전자는 CDMA 서비스 최초 제공시에 GSM 휴대폰의 개발과 제조를 기반으로 세계 최대의 휴대폰의 개발 및 제조 업체였던 스웨덴의 노키아를 제치고 훗날 세계적인 휴대폰 제조회사로 성장하였습니다.

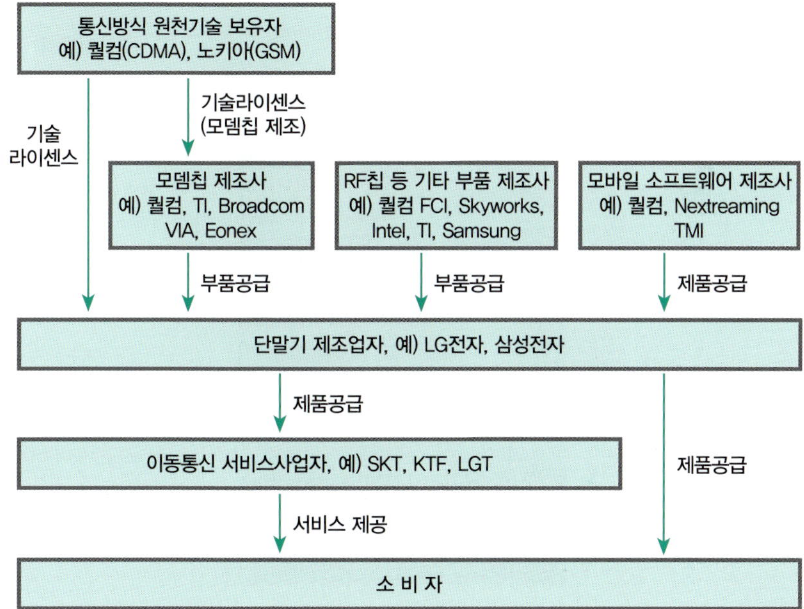

퀄컴의 특허의 벽(PATENT WALL)은 미국 캘리포니아주 샌디에이고에 자리잡은 퀄컴 본사의 트레이드 마크입니다. 본사의 중심 건물인 L빌딩에 들어서면, 특허증서가 진열된 '특허의 벽'과 마주하게 됩니다. 푸른빛을 띤 이 벽은 기술혁신을 추구하는 퀄컴의 진취적 분위기를 상징합니다.

퀄컴의 PATENTWALL(특허의 벽)

3.3.22 로트 작업

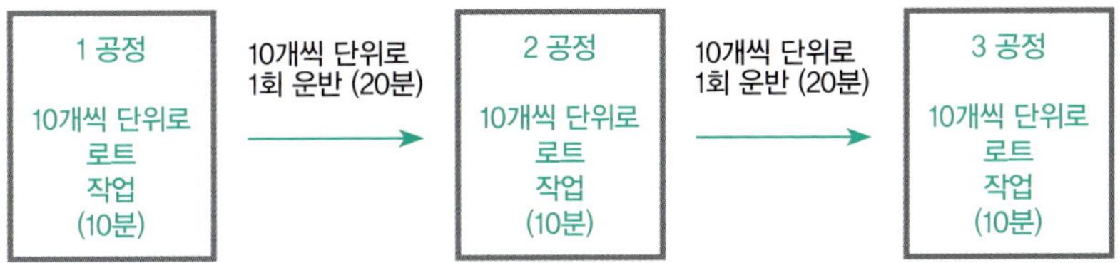

위의 그림과 같이 각 공정마다 한 개의 가공 작업을 하는데 1분이 소요되고 가공 작업의 순서는 1공정의 작업, 2공정의 작업, 3공정의 작업의 순서로 작업되고, 공정마다 작업의 단위로 10개씩의 자재를 로트를 구성하여 연속작업을 하고, 각 공정마다 작업된 10개씩 가공품을 한꺼번에 1회만 멀리 떨어진 다음 공정으로 20분만에 운반한다고 가정한다면, 가공하기 위한 자재를 10개를 1공정에 투입한 후에 위와 같은 로트 작업으로 작업하여 3공정에서 최종 10개의 작업이 다 완료되는 제조기간은 총작업시간 30분과 운반시간 40분의 합인 70분 이상이 소요됩니다. 각 공정마다 운반 후 재공재고가 없어서 즉시 작업을 할 수 있으면 70분이 제조시간이고 만약에 미리 도착해 있는 재공재고를 다 작업한 후에 작업을 해야 한다면 재공재고의 작업을 완료하기 위해서 필요한 시간 만큼이 증가되어 10개 로트 생산을 위해 70분 이상의 제조기간이 소요됩니다.

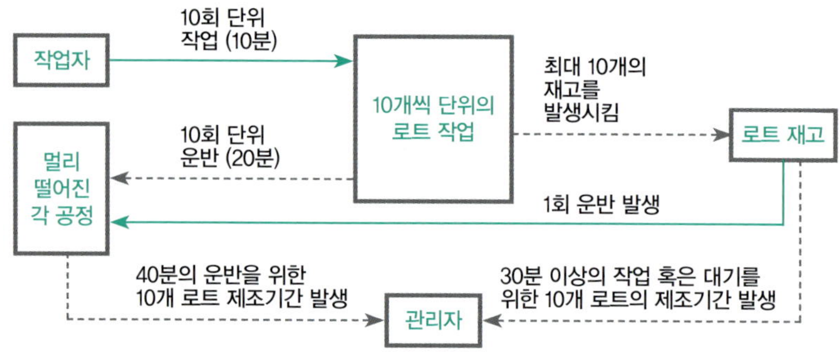

앞에서의 10개 로트 작업의 완료를 위한 제조기간이 70분 이상이지만 실제로 부가가치를 올리는 작업시간은 3분에 불과합니다. 즉 자재의 투입 후 즉시 작업을 하고 작업의 완료후에는 즉시 납품이 되고 공정간 재공재고가 없다고 가정하더라도 납품되는 한 개의 제품의 관점에서 공장에서 머무르는 시간 중에서 부가가치가 발생하는 시간의 비율은 4.3%(=3분/70분)입니다.

부가가치가 발생하지 않는 시간은 주로 작업 대기와 운반에 의해서 발생하게 됩니다. 따라서 이러한 유해의 근본원인인 로트재고를 없애기 위해서 로트를 분리하여 한 개씩만 생산하면 로트재고를 감소시키고 작업대기를 감소시킵니다. 그러나 이로 인해 운반회수는 10회가 되어 9회가 증가되게 되어 새로운 문제를 발생시킵니다. 그러나 운반을 발생시키는 근본원인인 멀리 떨어진 각 공정인 유해 공정들을 통합하게 되면 운반이 제거됩니다.

이렇게 하게 되면 앞의 예는 운반시간은 0분이 걸리게 되고 한 개의 제품은 투입 후에 3분만에 생산이 완료되게 되고 나머지 9개의 제품은 9분만에 생산이 완료되게 되어 총 12분만에 10개의 로트가 생산이 완료됩니다.

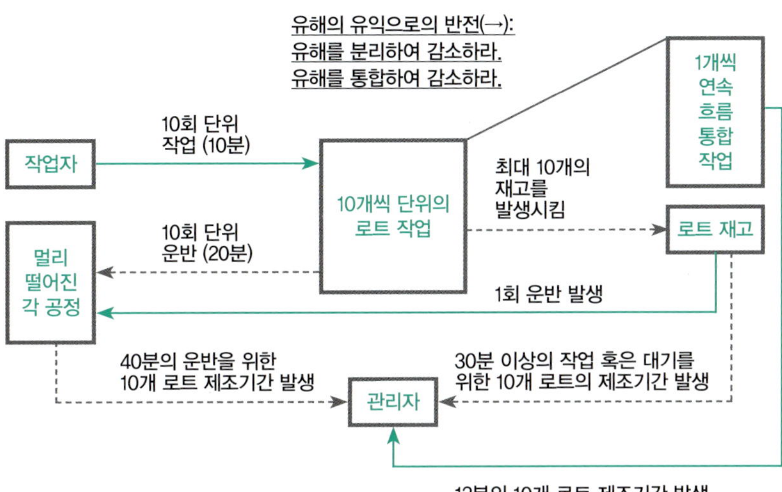
유해의 유익으로의 반전(→):
유해를 분리하여 감소하라.
유해를 통합하여 감소하라.
작업자
10회 단위
작업 (10분)
10개씩 단위의
로트 작업
최대 10개의
재고를
발생시킴
1개씩
연속
흐름
통합
작업
로트 재고
멀리
떨어진
각 공정
10회 단위
운반 (20분)
1회 운반 발생
40분의 운반을 위한
10개 로트 제조기간 발생
30분 이상의 작업 혹은 대기를
위한 10개 로트의 제조기간 발생
관리자
12분의 10개 로트 제조기간 발생

3.3.23 세금

　세금을 부과하게 되면 세금의 납기를 지키는 주민이 있고 그렇지 않은 주민이 있습니다. 세금을 거두어서 예산을 집행해야 하는 중앙정부나 지자체나 공공기관 등은 세금의 납부율이 높아야 부채를 빌리지 않고 안정적으로 공공 예산사업을 운영할 수 있습니다. 체납된 세금이 많아지게 되면 이를 거두기 위해서 많은 노력과 비용이 발생하게 됩니다. 또한 공공 예산사업의 집행할 수 없게 되거나 지연됩니다. 이렇게 되면 결국 피해는 국민과 국가에게 돌아가게 됩니다.

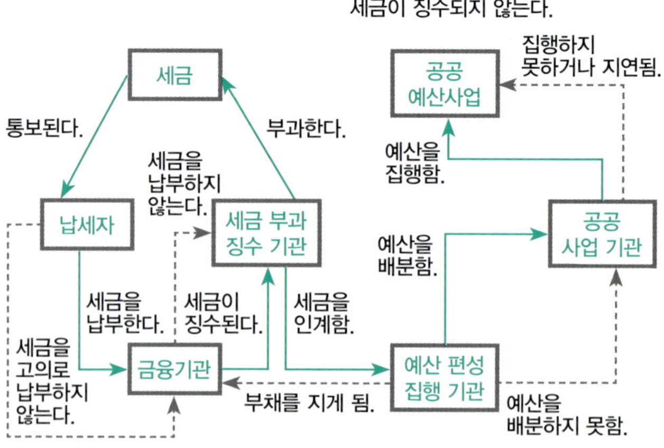

즉, 체납되는 세금이 늘어나서 예산이 부족하여 공공 예산사업을 집행하지 못 하거나 지연시키는 일이 발생하게 되면, 공공의 복리가 열악해지는 유해가 발생합니다. 만약에 예산의 부족에도 공공 예산사업을 집행하려면 부채가 증가되고 세금부담이 증가됩니다.

이러한 유해를 유익으로 반전시키기 위해서 우선 체납이라는 유해를 발생시키는 체납자에게는 체납에 따른 불이익을 줄 수 있도록 체납기간에 따른 가산제 부과와 강제집행 규정이라는 선행의 반대 조치를 마련했습니다. 따라서 체납자는 가산세가 시중의 은행 이자보다 통상적으로 높기 때문에 최대한 연체를 하지 않으려고 합니다.

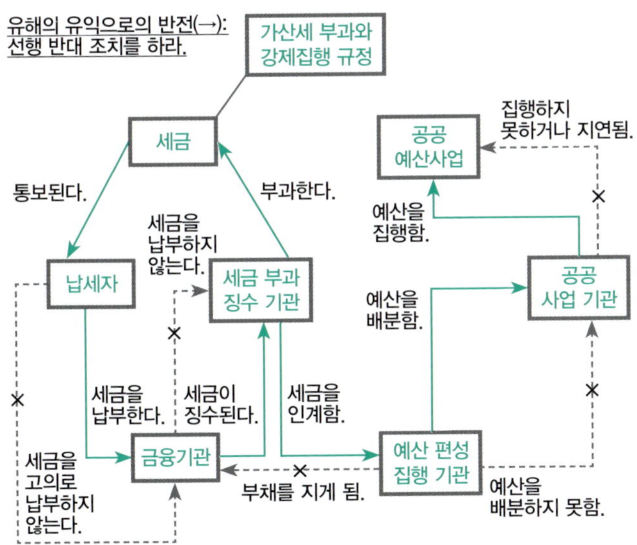

3.3.24 야외 운동

　건강을 위해서 야외에서 걷기 운동이나 달리기 운동을 주기적으로 하는 사람들이 많아졌습니다. 날씨가 맑고 온도가 적절한 때에는 더없이 걷기 운동이나 달리기 운동을 하기에 좋습니다. 그러나 온도가 몹시 낮거나 눈이 오는 추운 때나 햇빛이 강하고 온도가 높거나 비가 오는 때나 미세먼지가 많은 때에는 이러한 운동을 하기에 적합하지 않습니다. 그래서 주기적인 운동을 할 수 없어서 건강이 나빠지게 되는 유해가 발생할 수 있습니다.

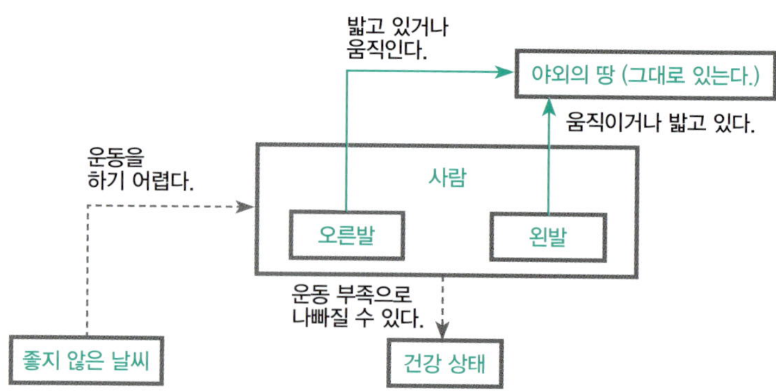

좋지 않은 날씨 때문에 야외 운동을 하기 어렵게 되면 대부분의 사람들은 주기적으로 운동을 못 하게 됩니다. 특히 이렇게 되면 건강이 나빠질 수 있습니다. 따라서 이러한 유해를 유익으로 반전시키려면 반대로 하는 것을 생각해 볼 필요가 있습니다. 즉 실내에서 운동을 할 필요가 있습니다.

그런데 실내에 충분한 운동 공간이 없는 경우에는 움직이지 않는 땅 바닥에서 운동을 하는 것이 아니라 반대로 타원형 벨트가 계속적으로 움직이는 바닥 위에서 달리기나 걷기를 하면 될 것입니다. 이렇게 해서 발명된 것이 바로 런닝머신입니다.

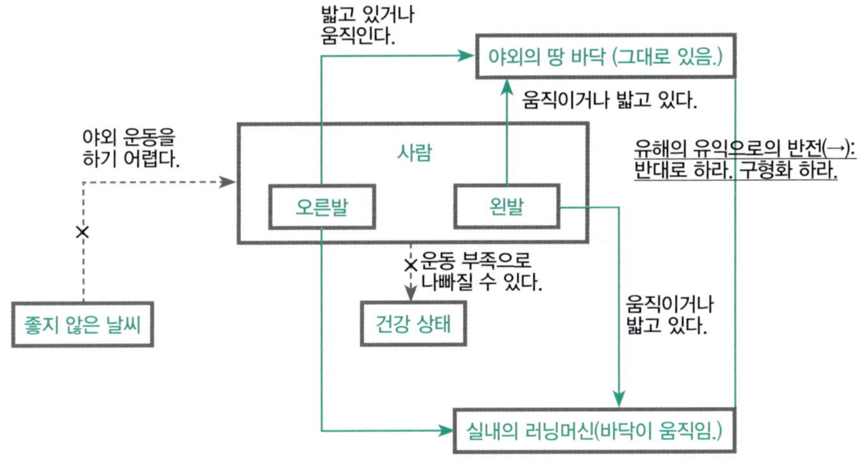

3.3.25 동물원

　　동물원에 가면 언제나 동물을 볼 수 있지만, 동물들은 변화가 거의 없는 좁은 공간에 갇혀 있어서 별로 행복해 하지 않고 많은 스트레스를 받으며 짧은 일생을 살아 갑니다. 동물원을 다녀간 관람객도 변화가 없는 동물원을 자주 가고 싶어하지는 않습니다. 특히 겨울철에는 관람객이 적습니다. 최근에는 출산율의 감소로 동물원의 최대 고객인 어린이가 줄어들어서 꾸준히 지역 관람객이 줄고 있습니다. 대부분의 지방 동물원은 만성적인 적자에 시달리고 있습니다. 적자로 예산이 줄어서 퇴직하는 사육사를 대신할 신입 사육사를 채용할 수가 없으며 동물들의 식비와 의료비의 예산도 줄었습니다. 건강이 악화되는 동물들을 돌보기 위한 사육사와 수의사의 근무의 강도는 강화되고 있습니다.

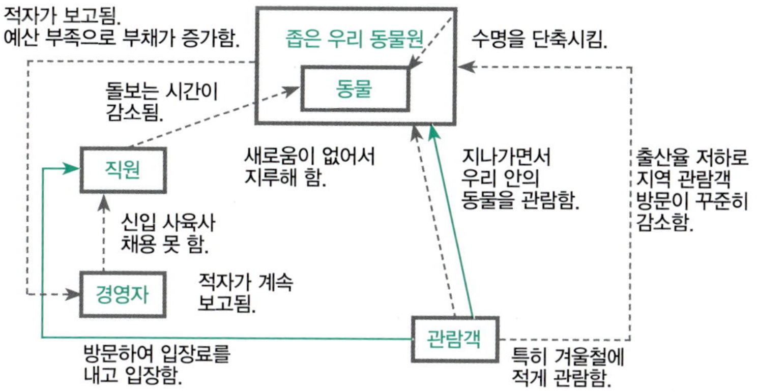

동물, 관람객, 직원, 경영자가 모두 행복한 동물원은 좁은 공간에서 동물이 받는 스트레스와 건강악화라는 유해, 새로움이 없어서 관람객 느끼는 지루함이라는 유해, 만성 적자로 인해서 신규 지원 채용 부족으로 기존 직원 업무의 강도가 강화되어 직원들의 피로감을 느끼는 유해, 만성적인 적자로 투자가 필요한 문제와 동물원 운영비 부족 문제를 해결하지 못하여 느끼는 경영자의 스트레스라는 유해 등을 사람과 동물의 공동 행복이라는 유익으로 반전시키면 됩니다.

이러한 유해를 유익으로 반전하기 위해서는 "사람이 동물을 관람한다."를 반대로 해 보는 것이 필요합니다. 즉, "동물이 사람을 관람한다."라는 개념으로 동물원을 재설계하는 것입니다.

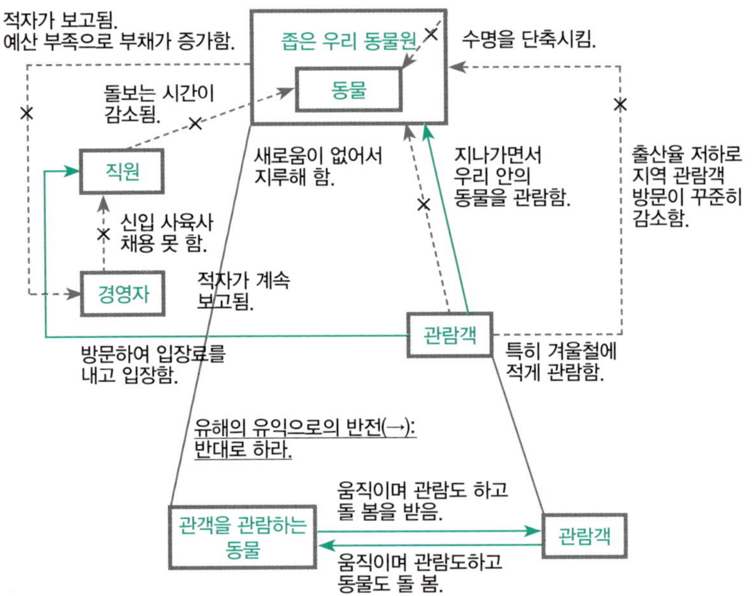

　만성적자로 폐쇄 위기에 있었던 일본의 아사히 야마라는 지방 동물원에서는 반대로 한다는 개념으로 동물원을 재설계를 하였습니다.

　우선 동물원의 큰 우리 안에 마음껏 뛰어 노는 동물들 사이로 지나갈 수 있는 투명 유리 통로 등을 만들어서 사람이 지나가면서 동물을 구경하게 하고, 자유스럽게 움직일 수 있는 동물들은 지나가는 사람들을 가까이 가서 구경할 수 있게 했습니다. 특히 겨울철에는 펭귄의 산책로를 만들어서 매일 정해진 시간에 산책을 하게 했고 주변에서 사람들이 관람하게 했습니다. 물론 산책하던 펭귄들도 매일 다른 관람객을 구경했습니다.

　이 뿐만이 아니라 사람들이 직접 동물들을 돌 볼 수 있는 프로그램을 만들어서 구경만하고 가는 피곤한 동물원이 아니라 관객이 능동적으로 참여하여 동물을 느끼고 교감할 수 있는 즐거운 동물원, 다시 가고 싶은 동물원으로 바뀌었습니다.

　이렇게 동물과 사람이 교감할 수 있는 동물원의 우리로 재설계하자 동물의 유해가 사라지고, 동물들이 즐겁고 행복해지자 관람객은 동물과 소통하면서 방문할 때마다 새로움을 느끼게 되었습니다. 이에 따라 관람객이 증가하였고, 매출도 급증하였으며, 수익금도 급증하였습니다. 증가된 수익으로 직원의 채용과 복리후생을 강화하여 직원의 업무강도를 적정한 수준으로 관리할 수 있게 되었습니다. 또한, 동물원의 신규투자를 지속적으로 할 수 있게 되어 경영자도 신나게 일을 할 수 있게 되었습니다.

　이러한 개념을 도입하여 전국적으로 혹은 세계적으로 유명한 동물원으로 변신시킨 사례는 많이 있습니다.

3.3.26 경영성과 중시 기업

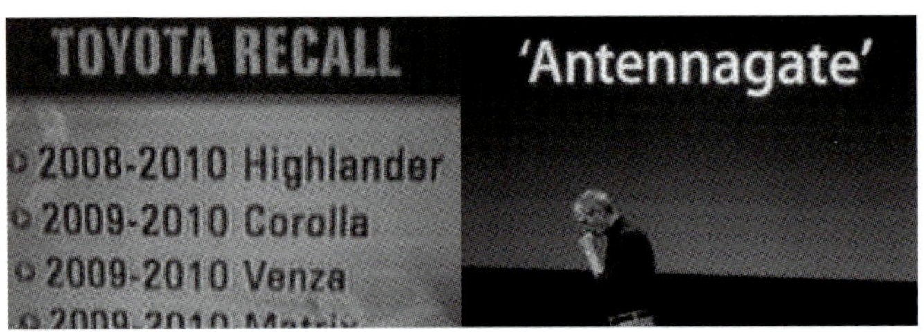

경영성과를 위해 효율적 개선과 창조를 중시하다 신뢰를 잃은 글로벌 기업들이 있습니다. 효율성 향상을 위해서 지속적인 개선을 추진했던 도요타 자동차에도 자동차 리콜이 나타나고 있으며, 창의성 중시의 애플은 아이폰의 고객불만을 부정하다가 인정하는 지경에 이르렀습니다. 모두 경영의 재무적 성과가 좋은 상태에서 이러한 일들이 나타났습니다.

경영성과를 위한 효율과 창조를 중시하는 경영이 결국에 고객에게 피해를 입히는 리콜과 개발 결함이라는 유해를 만들고 있는 것입니다.

특히 경영성과들간에 충돌적인 모순이 존재하는 경우에 하나의 경영성과를 위해서 다른 하나의 경영성과를 희생하는 경우도 발생하기도 합니다. 개발기간을 단축하여 매출과 수익을 높이기 위해서 충분한 품질시험을 하지 못하는 경우가 발생하기도 합니다.

이러한 유해를 유익으로 반전시키기 위해서 일의 결과물에 의한 성과만을 중시하기보다는 반대로 일의 결과물이 만들어지는 과정을 중시하기로 하는 것이 필요합니다.

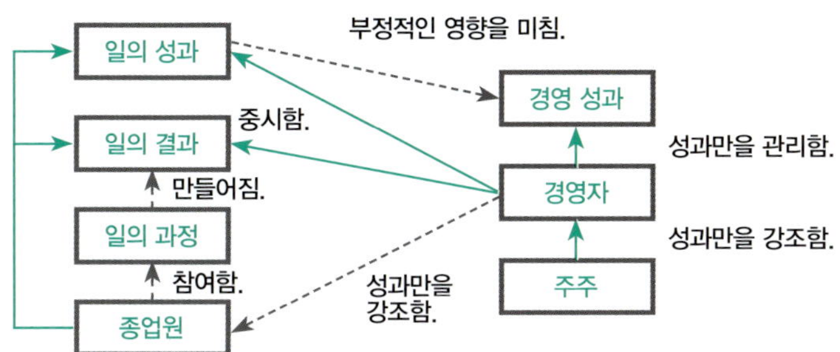

올바른 일의 과정을 추진하면 올바른 일의 결과물이 자동적으로 만들어지게 경영성과도 좋아지게 됩니다. 그러나 특히 단기간의 경영성과만을 중시하게 되면 경영성과를 낼 수 있는 일의 결과물에만 집착하게 되어 꾸준한 노력이 들어가는 일하는 과정 하나 하나를 올바르게 하지 않을 수도 있습니다. 아래는 기업의 일하는 과정을 중시하여 평가하는 Fortune의 Great Place to Work의 평가 기준입니다. 최근에는 일하는 과정뿐이니라 기업의 사회적 책임과 환경보전도 중시하는 지속가능한 경영을 중시하고 있습니다.

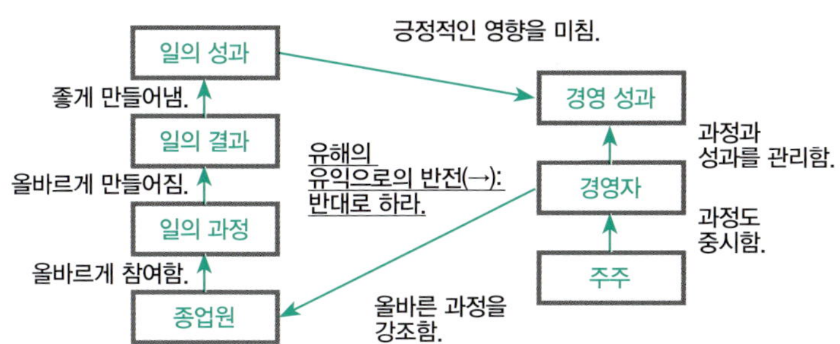

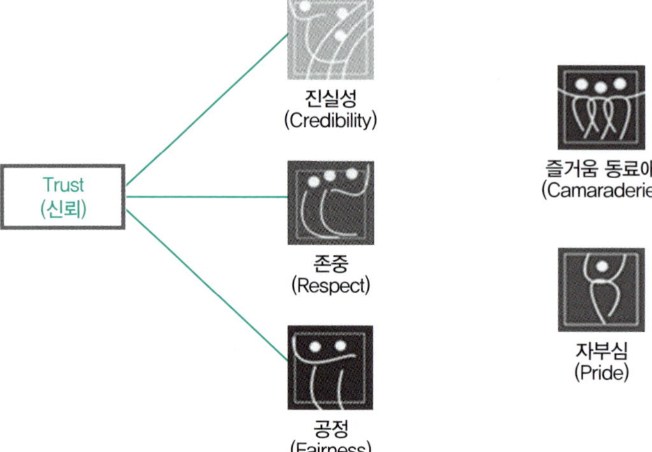
Fortune의 Great Place to Work (일하기 좋은 기업)
진실성
(Credibility)
Trust
(신뢰)
존중
(Respect)
공정
(Fairness)
즐거움 동료애
(Camaraderie)
자부심
(Pride)

3.3.27 자동차

　월급쟁이 시절에는 가족끼리 안락하게 이동을 위해서 승용차만 필요했었습니다.　그러나 자영업을 시작하면서 짐을 나르기 위한 소형 트럭이 추가로 필요해졌습니다. 소형 트럭을 새로 구입하게 되면 추가적으로 소형 트럭과 관련된 구입비용과 보험료와 면허세와 수리비와 세차비 등의 비용이 들어가게 됩니다.

　따라서 두 가지 목적을 달성하기 위해서는 2대의 자동차가 있어야 하나 경제적으로 부담이 됩니다.

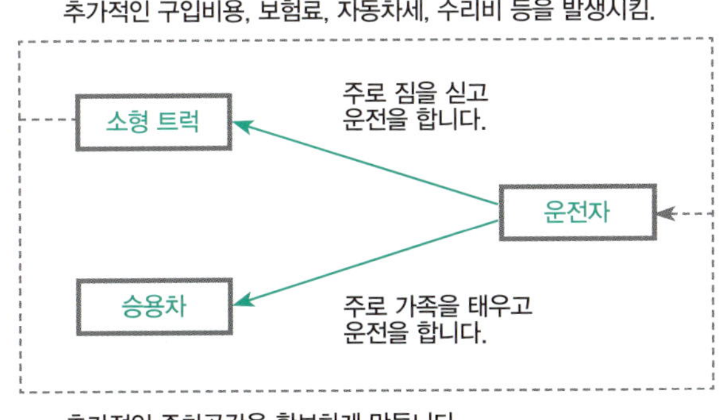

소형 트럭을 새로 구입하면서 발생하게 되는 소형트럭과 관련된 구입비용과 보험료와 면허세와 수리비와 세차비 등의 경제적 부담과 추가적 주차 공간의 확보라는 유해를 유익으로 반전시킬 수 있는 방법은 소형 트럭을 범용화해서 다목적 자동차로 구매하는 것입니다. 즉 자동차의 좌석을 변형하면 승용과 화물 운반의 가능을 모두 다 잘 할 수 있는 다목적 자동차를 신규로 구매하고 기존의 승용차를 처분하는 것입니다.

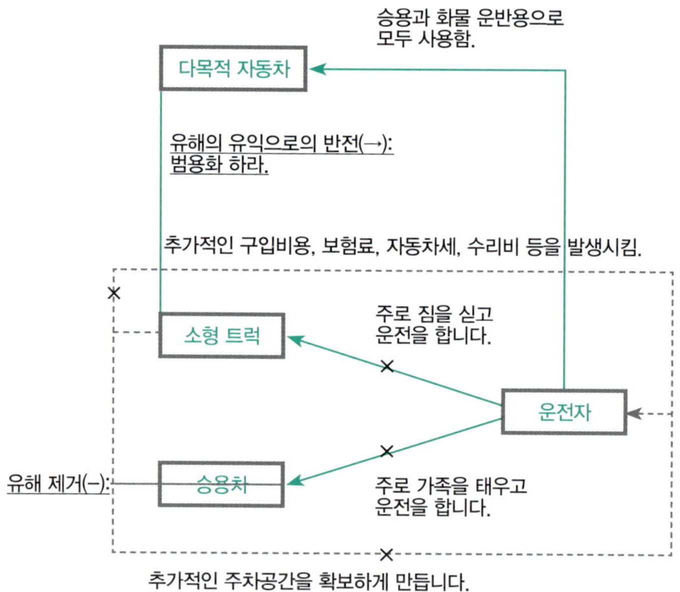

3.3.28 LPG 사용

자연 환경의 대기 상태에서 LPG를 원료로 사용하는 열기구로 열을 발생시키면, 대기중의 산소 농도가 20% 정도이므로 여기에 있는 산소와 반응하여 열을 내서 열원의 온도에는 한계가 있습니다. 그래서 금속의 절단 등에 필요한 보다 높은 열원의 온도를 얻을 수 없습니다.

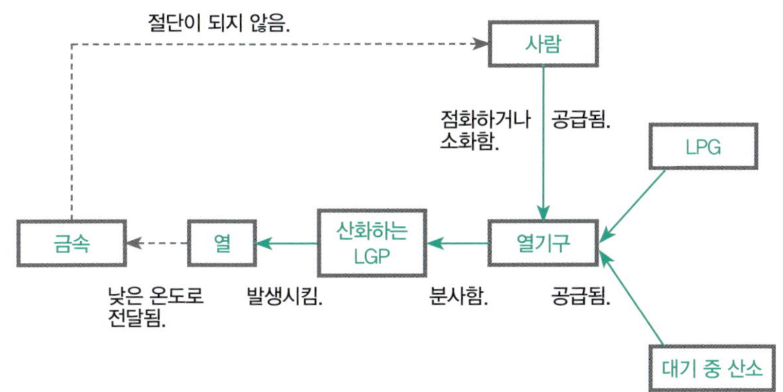

금속이 절단되지 않는 유해를 유익으로 반전시키기 위해서 LPG 연료에 대기중의 산소 대신에 고압의 높은 산소 농도를 인위적으로 공급하여 산화를 가속하는 연소 환경으로 바꾸어 주면 됩니다. 또한 역류방지장치를 추가로 부착하게 되면 폭발에 의한 재해를 방지할 수 있습니다.

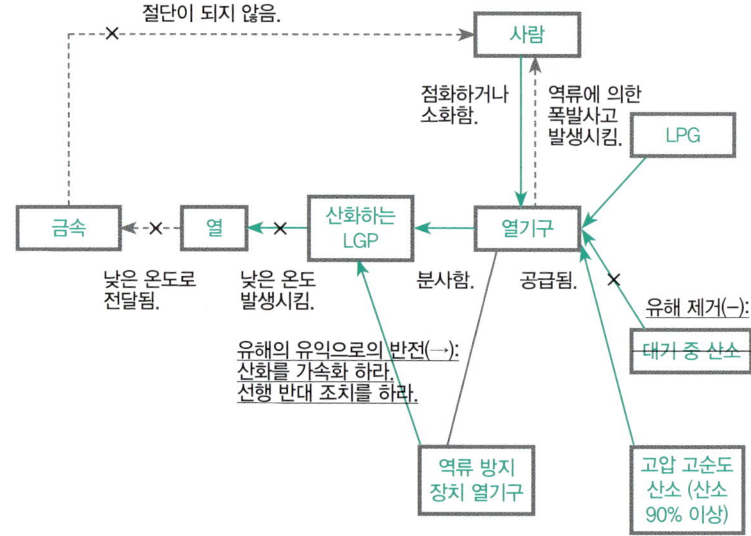

3.3.29 버스 좌석

　일반적으로 버스는 중앙에 통로를 두고 2개의 좌석 줄을 오른쪽과 왼쪽에 두는 구조로 설계를 했습니다. 이러한 버스의 좌석 배치는 예전의 열차의 좌석 배치를 그대로 옮겨온 것입니다. 좌우 2개씩의 대칭형태의 좌석이 있는 장거리 운행 버스에서는 승객의 좌석이 좁아서 승객들이 편하게 갈 수 없는 유해가 발생합니다. 특히 2사람이 동시에 앉아서 장거리를 타고 기면 몹시 불편합니다.

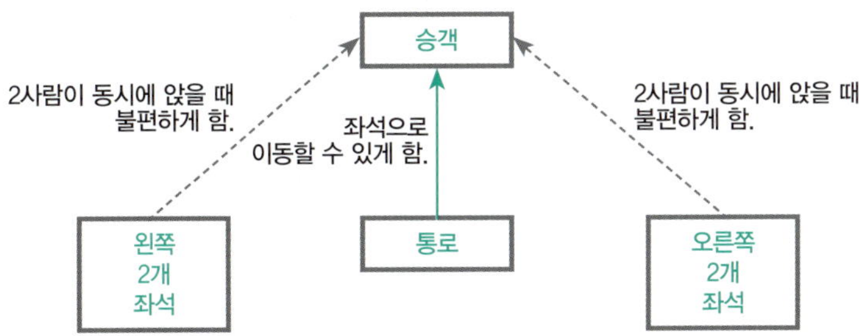

　　좌석이 좁아서 승객들이 편하게 갈 수 없는 유해를 유익으로 반전시키기 위해서 중앙 통로를 우측 통로로 움직이게 하고 광폭의 좌석을 왼쪽에 2개 광폭의 좌석을 오른쪽에 1개를 배치하는 비대칭 좌석 배치 형태로 변경합니다. 이렇게 하면 승객들은 옆 승객과 부딪치지 않고 편하게 앉아서 장거리 버스를 타고 여행을 할 수 있습니다.

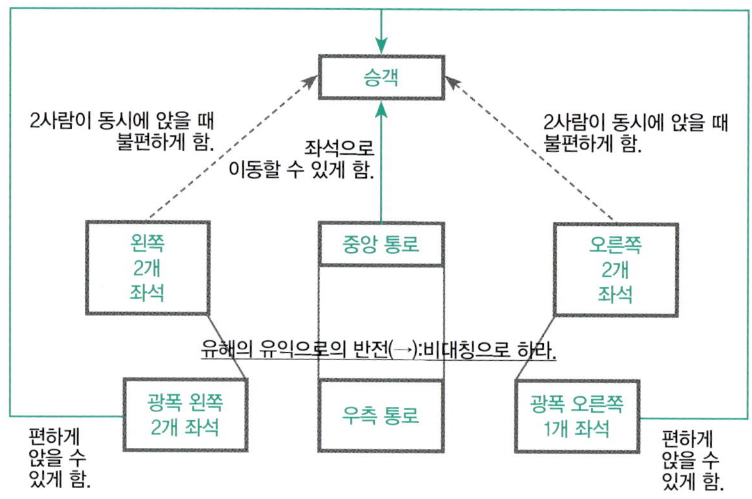

3.3.30 USB 메모리

　USB 플래쉬 메모리 스틱은 컴퓨터 디지털 자료 저장 장치로 널리 쓰이고 있습니다. 저장 용량이 크고 작고 가벼워서 휴대하기가 쉽습니다. 외장 하드 디스크 저장 장치도 있습니다만 USB 플래쉬 메모리 스틱보다 부피가 크고 무거워서 일상적으로 휴대하면서 사용하기가 곤란합니다. 그런데 초기의 USB 플래쉬 메모리 스틱은 USB 단자를 이물질의 오염으로부터 보호하여 안전하게 컴퓨터의 USB 단자에 접속하기 위해서 뚜껑이 있는 형태로 개발되었습니다.

　그러나 뚜껑이 있는 USB 플래쉬 메모리 스틱은 사용하다가 가끔 뚜껑을 잃어 버릴 수 있어서 안전하게 사용하는데 문제를 발생시키곤 합니다.

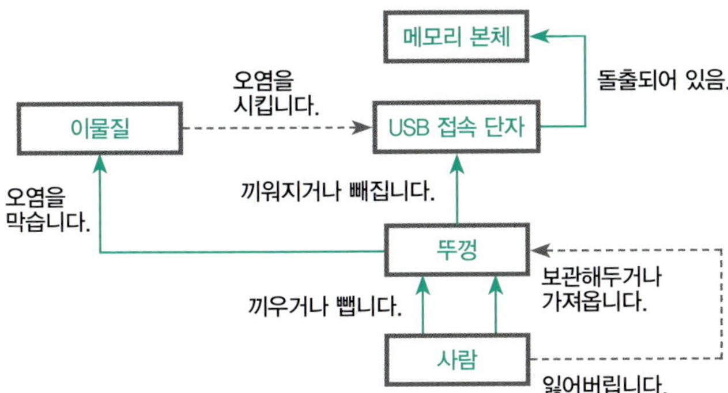

　뚜껑을 잃어 버릴 수 있어서 안전하게 사용할 수 없게 되는 유해를 유익으로 반전하기 위해서는 우선 뚜껑을 잃어버리는 것을 막을 수 없다면 뚜껑을 잃어버리는 것을 영원히 방지할 수 있도록 뚜껑이 필요가 없는 하는 방법을 도입하는 것이 필요합니다. 또한 그러면서도 USB 접속 단자를 사용하지 않을 때 USB 접속 단자를 본체에 체계적으로 포갤 수 있는 USB 접속 단자 접이식 구조로 만들면 됩니다.

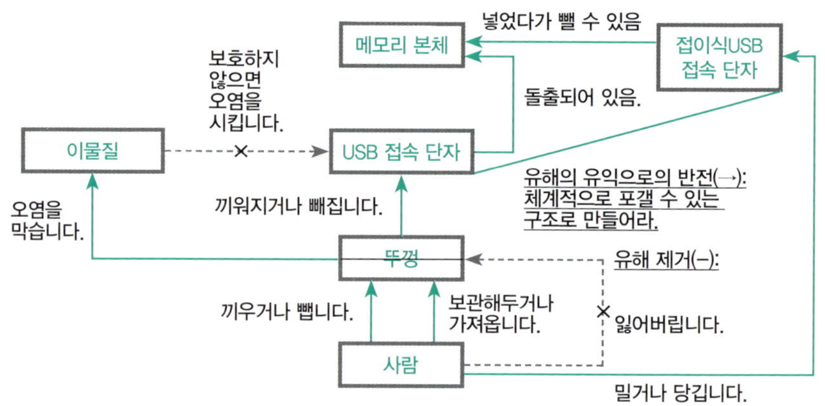

3.3.31 쇼핑

　품질이 좋은 고급 브랜드의 옷을 백화점에서 사면 매우 비쌉니다. 품질이 좋은 고급 브랜드의 옷의 구매는 고객에 만족이라는 유익을 주지만 고객은 높은 가격을 지불해야 하는 유해가 발생합니다.

　추가적인 유해는 발생하지만 이로 인한 추가적인 유익이 그 유해를 상쇄하고도 남아서 결과적으로 유익을 만들 수 있는 방법도 있을 수 있습니다.

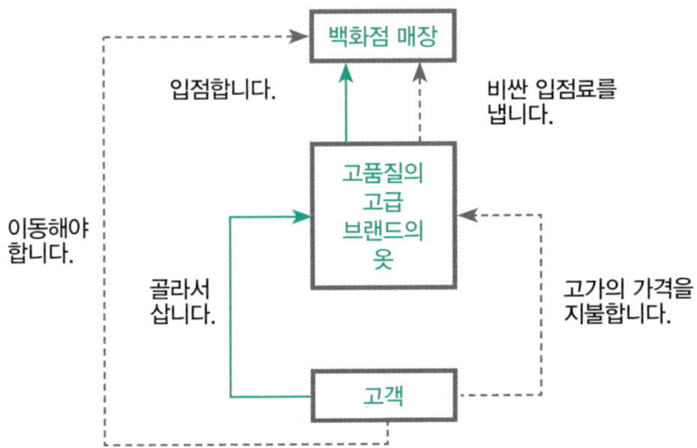

교외의 아웃렛 매장에서는 전년도 재고의 고품질의 고급 브랜드의 옷을 저렴하게 공급받고 입점료가 적어서 백화점보다 낮은 원가가 발생하여 고객은 저렴한 가격에 고품질의 고급 브랜드 옷을 살 수 있습니다. 많은 도시 지역의 고객들은 교외의 매장으로 오면서 발생하는 비용을 상쇄하여 결과적으로 백화점보다 저렴하게 살 수 있습니다.

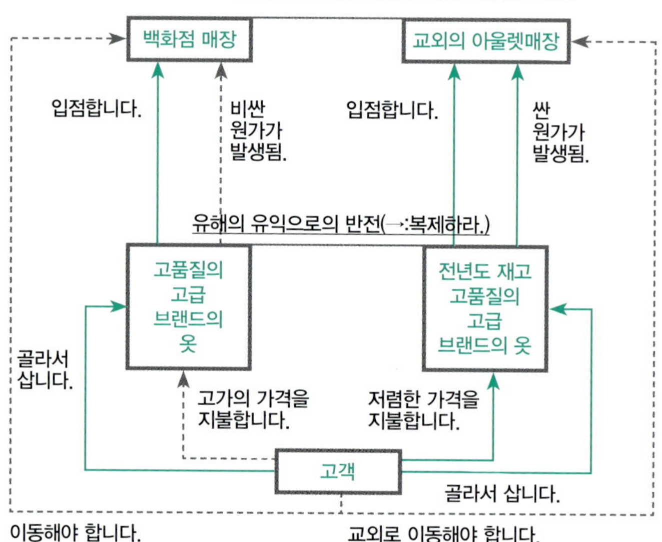

3.3.32 비행기 탑승

　비행장에 따라서 비행기를 타기 위해서 탑승 계단차에 직접 걸어가서 탑승 계단차에 계단을 올라간 후에 비행기에 탑승을 하거나, 일단 걸어가서 이동버스를 타고 그 이동버스가 탑승 계단차로 이동한 후에 버스에서 내려서 탑승 계단차에 계단을 올라간 후에 비행기에 탑승을 합니다. 이러한 이유는 공항에서 수속을 마친 후의 탑승객의 높이 위치가 비행기의 탑승구의 높이 위치와 같지 않아서 발생하는 것입니다.

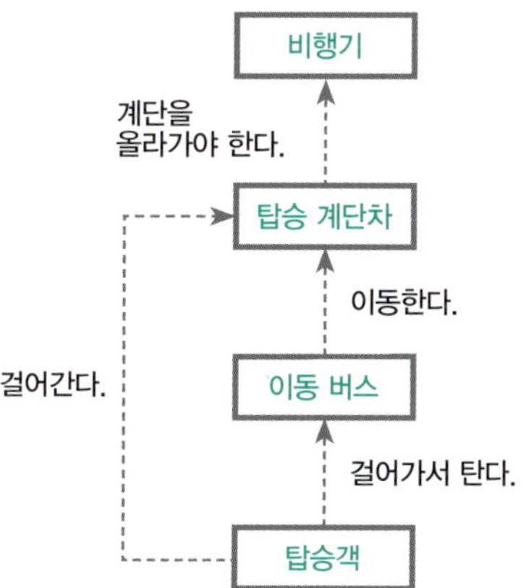

공항에서 수속을 마친 후의 탑승객의 높이 위치와 비행기의 탑승구의 높이 위치를 자연스럽게 연결하는 가변 통로를 통해 짧은 거리를 이동하여 비행기에 탑승할 수 있도록 하면, 탑승하기 위해서 걸어가거나 버스를 기다리거나 버스를 타고 이동하거나 계단을 오르는 유해가 발생하지 않을 것입니다. 이렇게 되면 탑승객은 쉽고 편하게 짧은 거리를 걸어서 이동하여 비행기를 탔다고 느낄 것입니다.

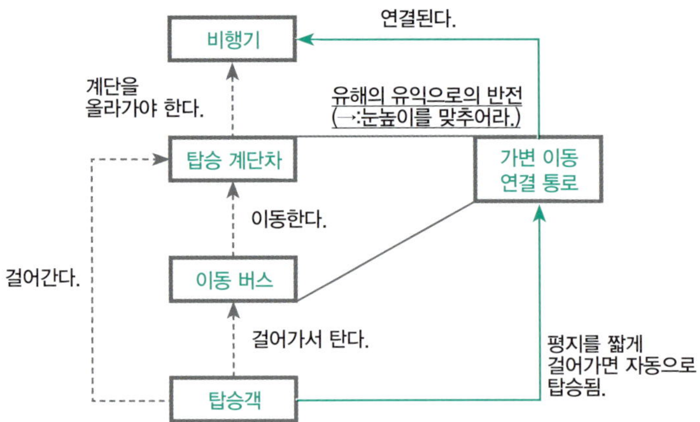

3.3.33 풍력발전기

    어느 섬 지역에서는 풍력 발전을 위해서 풍력 발전기를 설치할 곳이 필요했습니다. 이를 위해서 일반적으로 장기간 땅을 임차하여 사용했었습니다. 그런데 섬이 개발되면서 땅 값이 크게 올라서 덩달아서 땅 임차료도 계속 오르고 있습니다. 전기 판매가는 고정되어 있는 상태에서 풍력 발전의 발전원가가 계속 올라서 풍력 발전 사업이 적자로 전환되었고 이에 따라 이 섬 지역의 풍력 발전 사업이 중단되었습니다.

    오르는 땅의 임차료의 발생이라는 유해를 덜 유해하게 만들어서 결과적으로 덜 유해하게 한 만큼을 유익으로 바꾸어서 즉, 땅의 임차료를 줄이면 풍력 발전의 경제성을 확보할 수 있습니다.

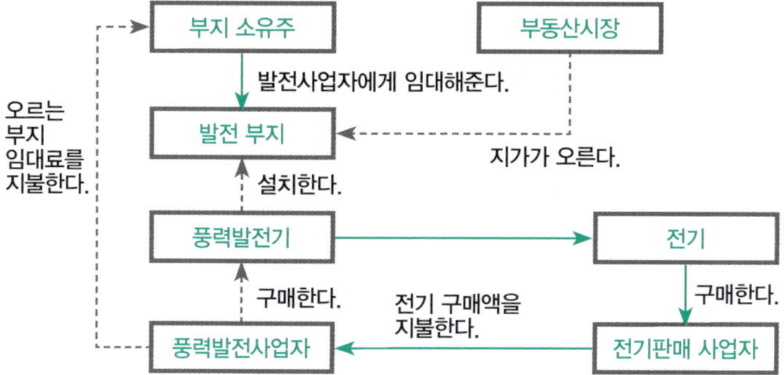

풍력 발전을 위한 땅의 임차료의 발생이라는 유해를 덜 유해하게 만들기 위해서 풍력의 발전을 땅이 아니라 땅의 반대인 바다에서 하는 방식으로 할 수 있습니다. 바다에 풍력 발전기를 설치하면, 육지보가 비싼 설치비용이 들어가지만 국가나 지자체에게서 저렴하게 장기적으로 바다에 대한 사용권을 확보할 수 있어서 결과적으로 이 섬의 땅에 풍력 발전을 하여 발생하는 발전원가보다 저렴한 발전원가 발생합니다. 저렴해지는 발전원가 만큼이 유익을 주는 것으로 볼 수 있습니다.

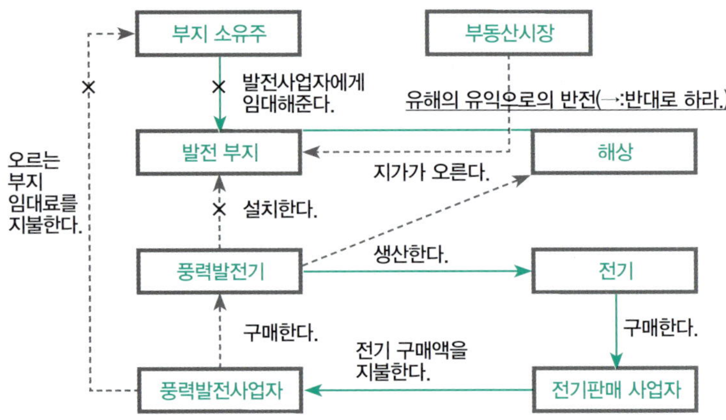

3.3.34 교각

　일반적인 교량은 다리 도로판 구조물의 하중을 밑에서 받아서 견디는 구조로 설계돼있습니다. 수심이 깊지 않은 교량은 교각 사이의 다리 도로판 구조물과 교각의 구조와 교각의 숫자를 교량 통행량과 건설기간과 건설비용 등의 요구사항에 맞추어 최적화하여 설계를 합니다.

　다리의 길이가 길면서 수심이 깊어지거나 수면 위에서부터 다리 구조물까지의 높이가 높아지게 되면, 일반적인 방식의 교량은 교각의 높이가 높아지면서 교각의 수도 증가하게 되어 다리의 건설 시에 막대한 비용과 장기간의 건설기간의 발생이 교각의 건설에서 발생하게 됩니다. 또한 교각을 건설하기 어려운 기술적인 제약 조건이 있는 다리를 건설해야 하는 경우도 있습니다.

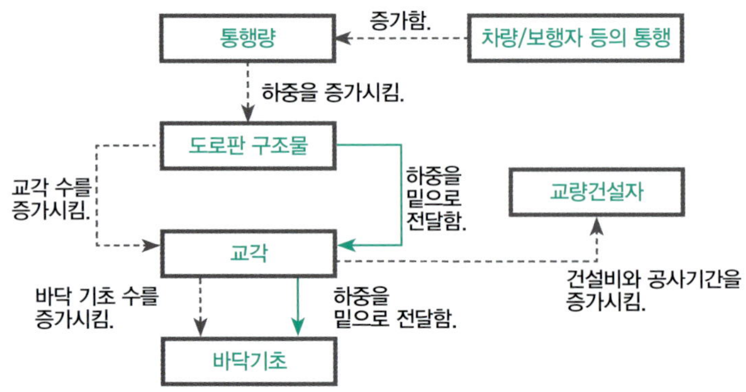

이러한 교각의 건설이라는 유해를 유익으로 반전시키는 방식으로는 다리 도로판 구조물의 하중을 처리하는 방식을 정반대로 하는 것입니다. 즉 다리 도로판 구조물의 하중을 교각을 통해서 밑에서 받아서 견디는 구조가 아니라 다리의 다리 도로판 구조물의 하중을 위에서 잡아주는 구조로 하는 것입니다. 특히 밧줄을 사용하여 다리 도로판 구조물의 하중을 위에서 잡아주는 구조의 현수교에서는 밧줄로 위로 전달된 하중을 주탑의 교각과 육지의 밧줄 고정물이 받아서 견디게 됩니다.

이렇게 하면 여러 개의 교각이 필요하지 않고 2개의 주탑과 육지의 밧줄 고정물을 건설하면 되기 때문에 다리의 길이가 길면서 수심이 깊어지거나 수면 위에서부터 다리 구조물까지의 높이가 높아지게 되는 교량의 건설 시에는 일반적인 교량의 교각의 건설에서 발생하는 장기간의 건설기간과 막대한 비용의 유해가 덜 발생하여 이것이 유익으로 반전됩니다.

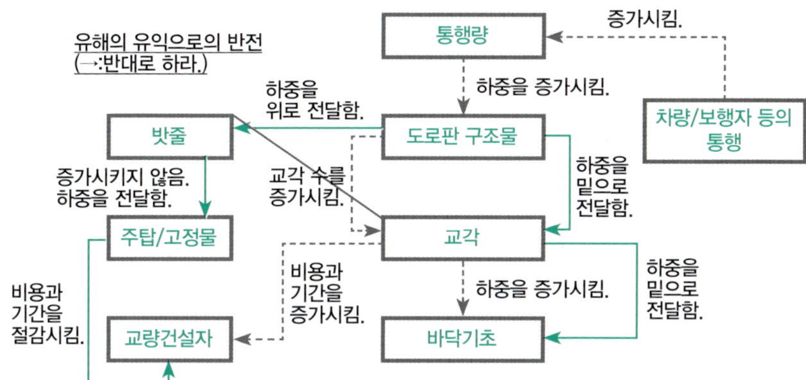
유해의 유익으로의 반전
(→:반대로 하라.)
통행량
증가시킴.
하중을 증가시킴.
차량/보행자 등의
통행
밧줄
하중을
위로 전달함.
도로판 구조물
하중을
밑으로
전달함.
증가시키지 않음.
하중을 전달함.
교각 수를
증가시킴.
주탑/고정물
교각
비용과
기간을
증가시킴.
하중을
밑으로
전달함.
비용과
기간을
절감시킴.
교량건설자
하중을 증가시킴.
바닥기초

3.3.35 톱질

　손톱으로 톱질을 하면 밀 때는 톱날이 목재를 잘르지 못하고 당길 때 톱날이 목재를 자를 수 있습니다. 톱날이 당기는 방향 쪽에서 잘릴 수 있게 구부러져 있기 때문입니다. 톱을 당길 때에 목재를 잘라야 하기에 근육에 힘이 들어가고 톱을 밀 때에는 별로 힘이 들어가지 않기 때문에 수작업으로 이렇게 일하는 것이 피로를 덜 느끼게 하고 오랫동안 일을 할 수도 있는 이점이 있을 수 있습니다. 그러나 수작업으로 직선 톱으로 톱을 밀 때는 목재가 절단되지 않는 유해가 발생하게 됩니다.

　특히 목재 절단 작업의 생산성을 높이기 위해서 절단 동력으로 전기의 동력을 이용하고자 한다면, 사람의 절단 수작업시의 피로를 고려할 필요가 없기 때문에 톱을 당길 때에만 목재를 자르게 되어 톱질을 하는 시간의 반 정도만 나무를 자를 수 있는 직선의 밀고 당기기 운동 방식의 톱질 방식이 부적합합니다.

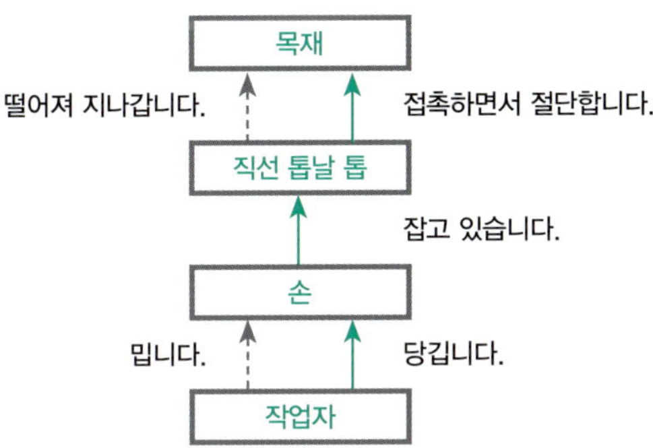

수작업 톱질과 다르게 피로가 발생하지 않는 전기 동력을 사용한 톱질을 위해서는 수작업 톱질을 그대로 흉내를 내어 전기 동력을 사용하는 것이 아니라 작업의 목적인 목재의 절단이 이루어지는 부가가치 작업의 동작에 집중하여 이를 연속적으로 가능하게 하는 구형화 목재 절단 개념의 회전 톱을 설계하여 사용하면 됩니다. 즉, 전기 동력을 이용하여 톱질을 하는 방법으로는 수작업 톱질의 유해가 발생하지 않도록 톱날이 회전하는 방향 쪽으로 구부러져 있는 구형화된 회전 톱을 회전 동력이 전달되는 구동축에 붙여서 사용하는 방법이 발명되었습니다.

따라서 전기 동력으로 회전 톱날을 사용하는 톱질은 수작업 톱질의 낮은 생산성의 유해를 높은 생산성의 유익으로 반전시킵니다.

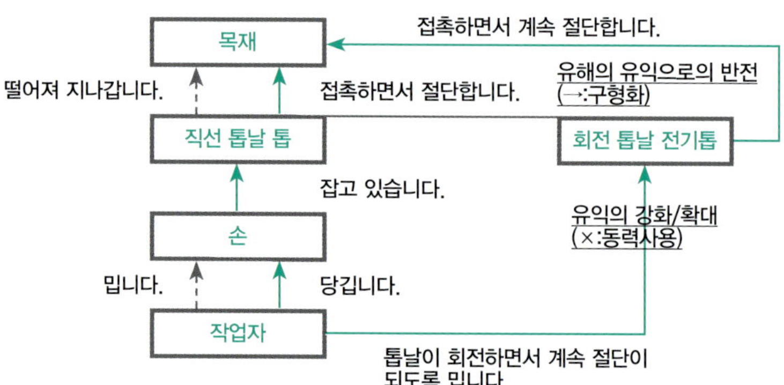
목재
접촉하면서 계속 절단합니다.
떨어져 지나갑니다.
직선 톱날 톱
접촉하면서 절단합니다.
유해의 유익으로의 반전
(→:구형화)
회전 톱날 전기톱
잡고 있습니다.
손
유익의 강화/확대
(×:동력사용)
밉니다.
당깁니다.
작업자
톱날이 회전하면서 계속 절단이
되도록 밉니다.

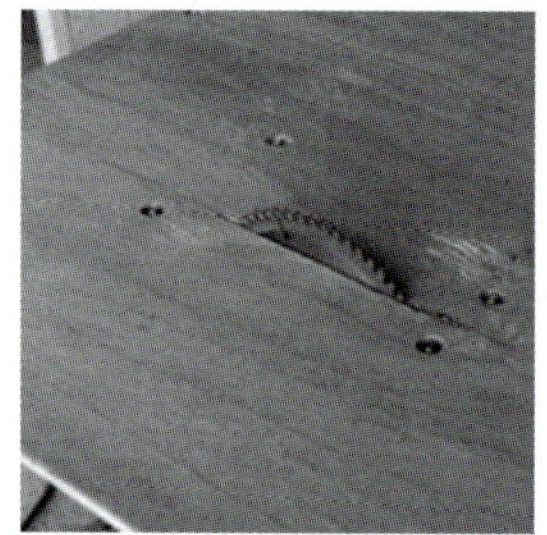

3.4 유익 추가/통합

인간 문명의 역사는 유해의 회피와 유익의 추가의 역사라고 할 수 있습니다. 인간은 끊임없이 유익을 추가하고 있습니다. 한정된 이해관계자들만을 위한 지나친 유익의 추구는 다른 이해관계자들이나 자연과 환경에 유해를 입히기도 합니다. 따라서 공공과 자연과 환경의 유익추구가 중요해짐에 따라 기존의 유익에 모두를 위한 상생의 새로운 유익을 추가하는 노력은 앞으로도 계속될 것입니다.

새로운 유익의 추가 시에 생각해야 할 것이 있습니다. 새로운 유익의 추가가 기존의 유익을 저해하거나 새로운 유해를 추가적으로 발생시키는 지에 대해서 사전 평가와 사후 점검을 철저히 해야 할 것입니다. 그것도 나만의 입장이 아니라 다른 이해관계자들과 자연과 환경의 입장에서도 생각해야 할 것입니다.

현재 많은 기업의 경영을 평가하는 방법으로 지속 가능한 경영 평가 방법론이 많은 지지를 받고 있습니다. 여기에서는 기업의 재무적 성공과 성장의 건전성뿐만이 아니라 환경의 보호와 기업의 사회적 책임까지를 기업의 경영을 평가하는 요소로 고려하고 있습니다. 기업의 사회적 책임에는 국제 기구에서 권고하는 수준의 노동 관행, 좋은 일자리 제공, 근로자의 인권 보호, 사회적 공헌, 제품책임 등이 포함됩니다. 따라서 단순한 유익의 추가에서 그치지 말고 새로 추가하는 유익이 지속 가능한 유익인가를 지속 가능한 경영 차원에서 생각하는 것이 바람직합니다.

추가되는 유익은 결국 통합된 유익의 형태로 나타나기도 합니다. 육지와 새로운 다리로 연결되는 섬들은 단순한 육지와 섬의 일대일 추가 연결이 아니라 육지와 연결된 모든 섬의 통합이라는 형태로 유익을 가져다 줍니다. 또한 일반적으로 사람들은 복수의 유익을 주는 여러 기능요소들은 일반적으로 통합하여 하나의 기능요소로 만들고자 합니다.

이렇게 함으로써 사용자의 입장에서는 절차나 조작 방법이 단순화 되거나 여러 가지를 휴대하지 않아도 되어 편리성이 향상됩니다. 또한 하나의 기능요소로 통합함으로써 기능요소의 제공을 위한 비용의 절감이 발생하기도 합니다.

초기의 개인용 컴퓨터는 본체와 브라운관 모니터와 키보드로 구성되어 있었습니다. 각각의 무게가 무거워서 이동하여 작업하는 것이 불편하였습니다. 그래서 이동하여 작업하기 쉬운 개인용 노트북 컴퓨터를 개발하였습니다. 이 개인용 노트북 컴퓨터는 우선 본체와 모니터를 통합하였고, 여기에 키보드를 통합하였고, 미리 외부 상용전원으로 충전하여 외부 상용전원의 없을 때에도 일정시간까지는 방전하여 노트북에 전원을 공급할 수 있는 밧데리를 추가하여 통합하였습니다.

　최초의 개인용 노트북 컴퓨터의 등장 이후 소형화 경량화 저전력화 기술을 적극적으로 도입하여 가벼운 개인용 노트북 컴퓨터를 많은 사람들이 일반적으로 사용하고 있습니다.

　무선 이동식 전화 기능과 디지털 카메라 기능과 MP3 플레이어 기능과 PC의 인터넷 검색 기능 및 메신저 기능 등은 스마트폰으로 통합됩니다.

3.4.1 충전식 교통카드

충전식 교통카드는 현금이나 토큰 등을 가지고 다닐 필요가 없어서 많은 승객에게 편리를 주고 있으며 전철과 버스 등의 대중교통을 운행하는 운송회사에게는 현금이나 토큰의 회수 및 입금의 업무를 하지 않아도 되게 하였습니다.

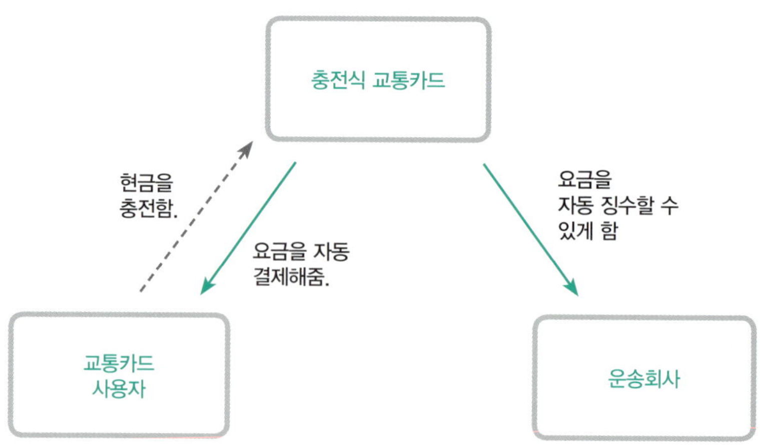

충전식 교통카드는 충전한 금액을 다 사용하면 다시 충전해야 하는 불편이 있습니다. 금액 부족 시에는 충전을 해야 하므로 바쁜 시간에 이러한 일을 방지하려면 항상 교통카드 사용 시에 남아 있는 충전금액을 확인해야 합니다. 이러한 불편은 미리 충전된 금액 한도 내에서 교통요금의 결제가 이루어지기 때문입니다. 이러한 불편을 없애기 위해서는 교통요금의 결제 시마다 교통 요금 신용 결제 승인 기능을 추가하면 가능합니다.

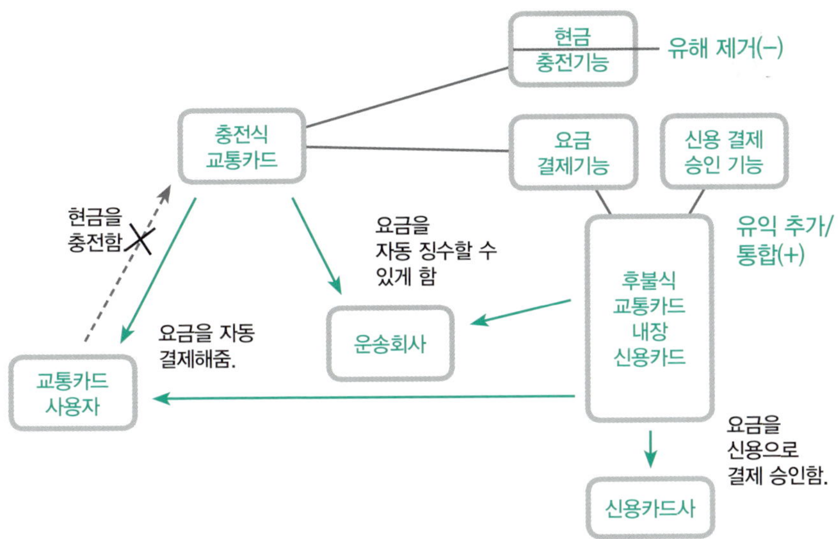

3.4.2 일 하는 방식

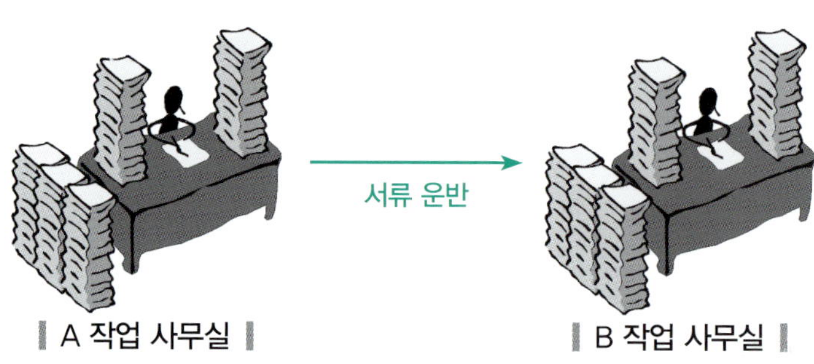

A 작업 후에 B 작업을 해야 하는데 A 작업을 하는 사람과 B 작업을 하는 사람이 서로 떨어져 있는 다른 사무실에서 일을 하는 경우는 보통 위와 같은 형태로 일을 하게 됩니다. 먼저 A 작업을 위한 서류를 접수 순으로 쌓아 놓게 하고 A 작업을 완료하면 완료된 서류를 옆에 쌓아 놓습니다.

A 작업을 하는 사무실과 B 작업을 하는 사무실은 떨어져 있기 때문에 운반할 일정량의 서류가 쌓이면 A 작업을 하는 사람 혹은 별도의 서류를 전문적으로 운반하는 사람이 B 작업 하는 사무실의 B 작업자의 앞으로 서류를 운반을 하게 됩니다. B 작업자는 A 작업자와 같은 방법으로 일을 하게 됩니다. B 작업이 완료된 서류가 일정량이 되면 B 작업을 하는 사람 혹은 별도의 서류를 전문적으로 운반하는 사람이 정해진 장소에 B 작업이 완료된 서류를 운반하여 보관하게 됩니다.

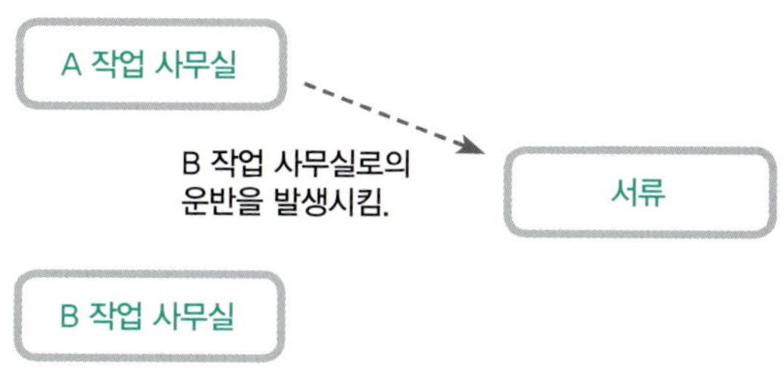

A작업을 하는 사무실과 B작업을 하는 사무실이 떨어져 있어서 서류의 운반이라는 일이 필요하게 됩니다.

만약 일을 신속하게 처리하기 위해서 하나의 A 작업이 완료될 때마다 매번 서류를 하나씩 B작업을 하는 사무실의 B 작업자 앞으로 운반하게 되면 운반에 많은 노력이 들어가게 됩니다. 특히 A작업을 하는 사무실과 B 작업을 하는 사무실의 거리가 멀어서 A 작업을 하는 시간 보다 서류를 운반하는 시간이 많이 걸린다면 A 작업을 하는 부가가치 있는 일보다 서류를 운반이라는 비부가가치 일에 더 많은 시간을 쓰게 됩니다. 따라서 운반 회수를 줄이기 위해서 일정량을 한번에 운반하려고 합니다. 이러한 경우에는 서류의 운반대기로 인해 일의 지연이 발생하게 됩니다.

이러한 문제는 A작업을 하는 사무실과 B작업을 하는 사무실의 통합과 A작업과 B 작업의 연속흐름작업으로 사무실간 운반거리를 없애서 문제를 해결할 수 있습니다.

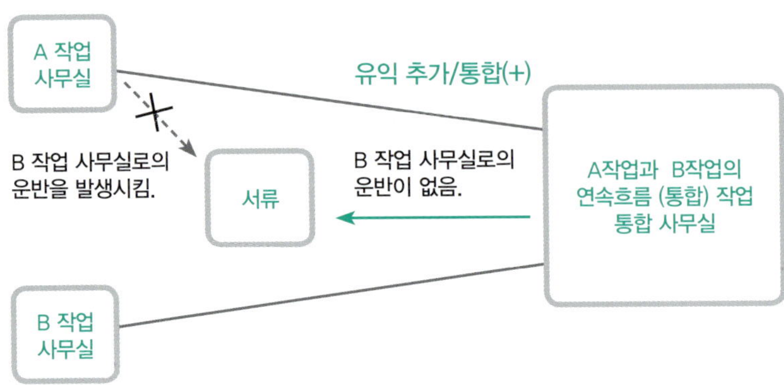

▮ 통합 사무실에서의 연속흐름 (혹은 통합) 작업 ▮

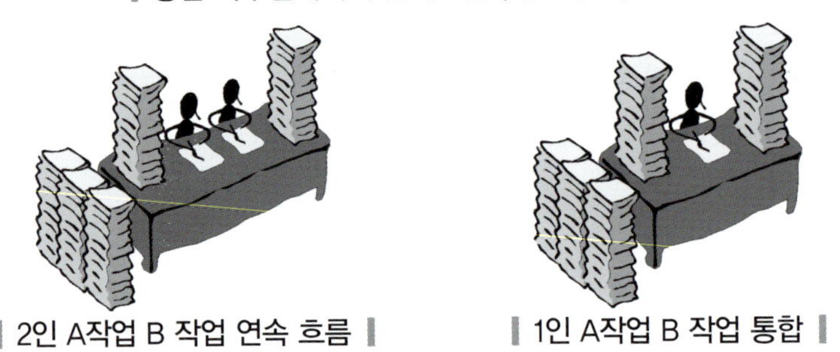

▮ 2인 A작업 B 작업 연속 흐름 ▮　　　▮ 1인 A작업 B 작업 통합 ▮

3.4.3 전자 책의 제작

인쇄술에 의한 책의 제작으로 책은 대중화에는 성공하였으나, 책의 제작과 배포에 많은 노력과 시간이 필요로 하는 문제점을 갖고 있습니다. 특히 종이를 이용한 책의 제작은 정보의 공유에 있어서 많은 문제점을 야기하고 있습니다. 우선 발행된 책의 숫자가 많아야 책을 읽을 기회가 많아진다는 문제점을 야기합니다. 책을 읽는 독자가 감소해도 여전히 책을 보관해야 하는 문제가 발생하기도 합니다.

▍ 전자책의 발명전 ▍

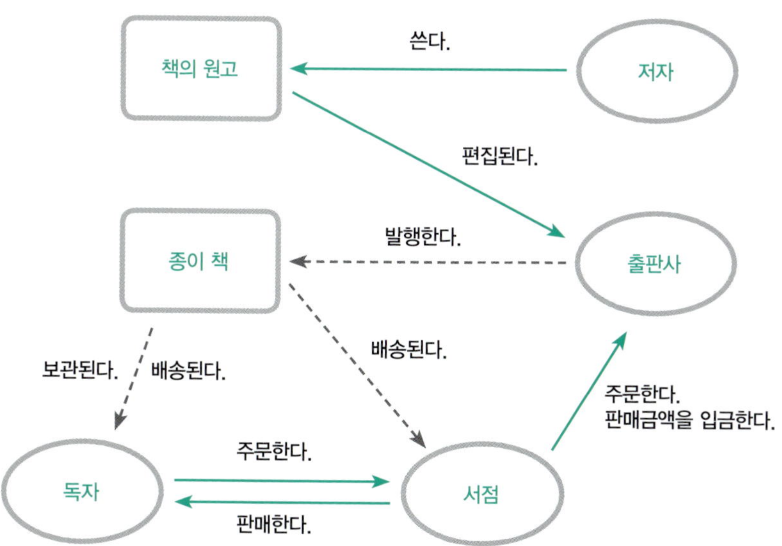

정보통신의 기술 발전에 따라서 정보의 생성과 보관과 열람은 컴퓨터를 통해서 쉽게 할 수 있고 정보의 전송은 초고속통신망을 통해 저렴하게 가능하게 되었습니다. 따라서 물리적인 종이를 사용하는 고전적인 책을 통한 정보의 보관과 전달의 과정에서 발생하는 독자의 기다림과 비용은 정보통신기술을 활용한 전자 책의 사용으로 절감할 수 있게 되었습니다. 종이 책의 제거라는 유해의 제거(−)와 전자 책과 통신망이라는 유익의 추가/통합(+)과 전자 책으로 제작된 모든 전자 책을 전문적으로 판매하는 전자 책 서점의 탄생이라는 유익의 강화/확대(×)를 통해서 종이 책이 전자 책으로 변환하게 되었습니다.

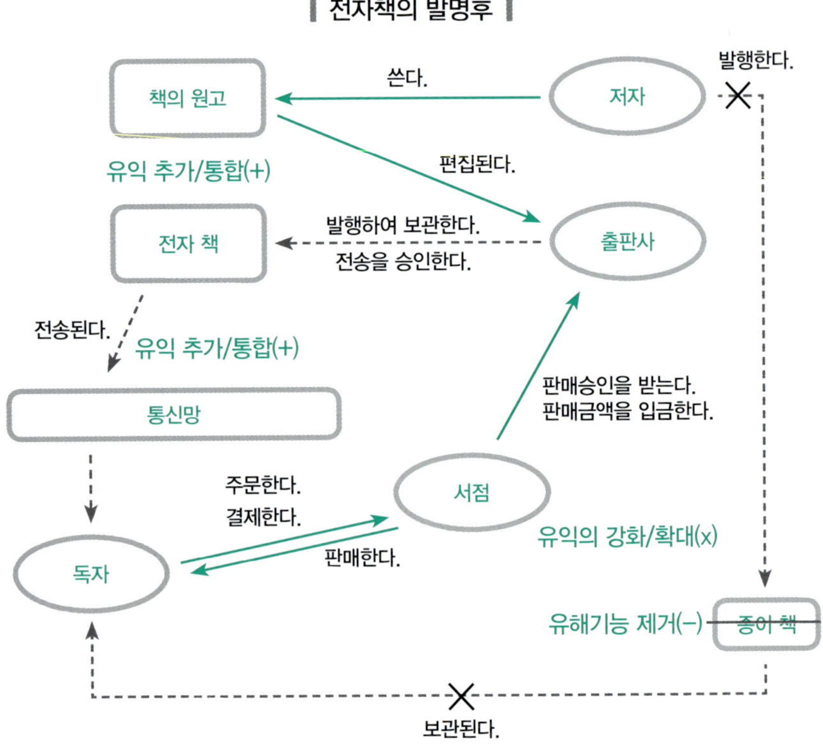

3.4.4 색별 분리 프린터 잉크통

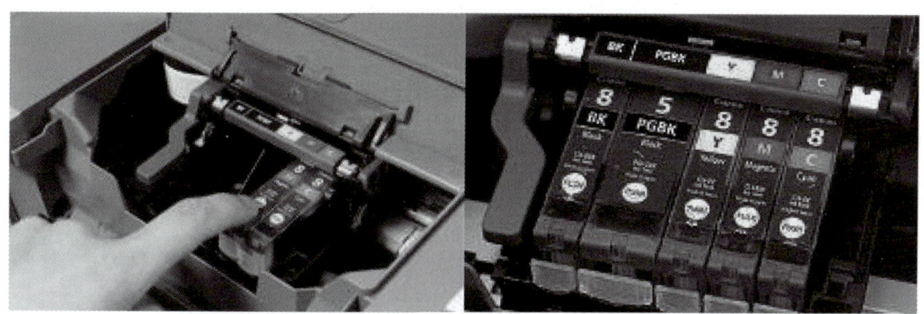

　색별 분리 프린터 잉크통은 유익을 발생시키는 남은 색의 잉크와 유해를 발생시키는 다 소모된 색의 잉크을 별개로 분리하여 각각 사용할 수 있게 하여 남아 있는 색의 잉크통은 교체하지 않고 다 소모된 색의 잉크통만을 교체하게 하였습니다. 그러나 다 소모된 색의 잉크통을 교체하여 폐기해야 하는 유해가 발생하게 됩니다.

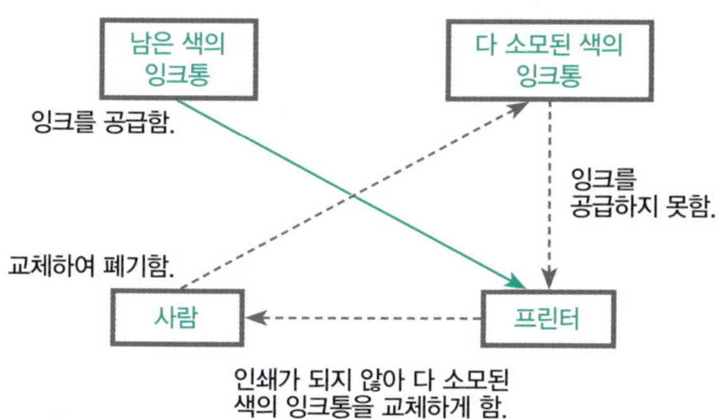

이러한 일이 일어나게 되는 원인은 다 소모된 색의 잉크통에 다 소모된 색의 잉크을 보충할 수 있는 뚜껑이 없기 때문입니다. 따라서 다 소모된 색의 잉크통에 다 소모된 색의 잉크를 보충할 수 있는 뚜껑을 추가하게 되면 다 소모된 색의 잉크통을 교체하여 폐기하지 않고 다 소모된 색의 잉크만을 보충하여 계속해서 인쇄를 할 수 있습니다.

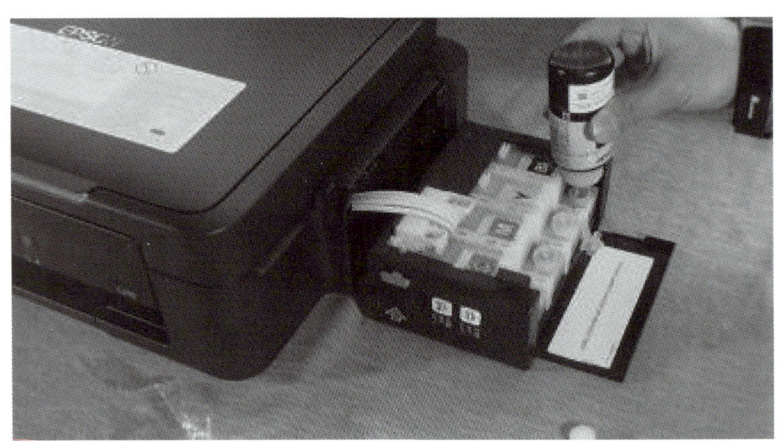

3.5 유익 강화/확대

우리는 주변에서 '유익의 강화와 확대'라는 제안 아이디어 발상의 원리를 적용한 것들을 수 없이 목격하게 됩니다. 기차의 진화를 살펴보면 이를 금방 이해할 수 있습니다.

기차는 인력과 물자를 운반하는 기능을 합니다. 모든 사람들은 기차 운송에 대해서는 운임이 저렴하며 쾌적하고 안전하고 빠르게 운반해 주기를 바랍니다. 이러한 이상적 바램을 만족시키기 위해서 사람들은 수 많은 기차에 대한 창의적인 개선 아이디어를 생각하였습니다. 우선 기차를 좀 더 빠르게 달릴 수 있게 하고 싶으며, 인건비와 연료비 등의 운전비용을 적게 쓰고 싶었으며, 부품의 고장과 소모품 사용에 의한 교체수리 비용을 적게 하고 싶었습니다. 또한 기차 구입가의 노후화에 의한 가치하락에 의해 발생하는 비용인 감가상각비를 적게 하고 싶어 해서 기차의 구입비용을 적게 하고 싶어 하고 중고의 잔존가치를 높게 유지하고 싶어 하며, 실제의 기차의 운전 수명을 길게 하고 싶어 하며, 기차 선로의 건설 비용을 적게 하고 싶어 하며, 선로의 수명은 길게 하고 싶어 하며 기차 선로의 유비보수 비용을 적게 들리고 싶어 합니다. 결론적으로 안전하고 쾌적하며 좀 더 빠르며, 기차의 생애비용이 가장 적으며, 선로의 생애비용을 가장 적게 쓰고 싶어 합니다.

이를 위해서 운반의 범위에 따라 근거리 도시전철과 중거리 전기기차와 장거리 초고속 전기열차 등을 개발하였습니다. 연료의 비용보다는 주행속도 향상 즉 운송시간의 단축이 유익을 주는 핵심 요소로 인식되어 주행속도의 향상을 위해서 유익의 강화라는 아이디어를 발상하였고 이러한 방향으로 기술을 개발하였습니다. 이에 따라 기차의 엔진은 스팀엔진, 디젤엔진, 전기모터로 변화하면서 주행 속도를 향상시켰습니다. 연료는 석탄에서 경유로 그리고 운송도중에 연료보충을 위해서 운송중단이 필요 없는 전기로 변화해 왔습니다.

같은 운전 주기에서 늘어나는 승객을 처리하기 위해서 같은 길이를 갖는 기차를 이용하여 탑승할 수 있는 승객을 늘리기 위해서 기존의 1층 객실을 재설계하여 2층 객실로 변경하기도 합니다.

이와 같이 유익의 강화는 우선 기존의 처리 속도나 처리 능력이나 처리 용량 등을 1.5배, 2배, 3배, 4배 등으로 기존의 처리 속도나 처리 능력이나, 처리 용량 이상으로 향상시키는 아이디어를 내도록 하는 것이 특징입니다. 이를 위해서 같은 입체공간과 평면면적을 세분하여 조밀하게 사용하거나 시간 간격을 줄이거나 물리적인 회전속도나 작동속도를 높이는 것과 같은 아이디어를 많이 사용하게 됩니다.

버스도 같은 유익의 강화를 추진하였습니다. 즉 2층 버스를 도입한다든지 버스의 길이가 긴 굴절버스를 도입한다든지 하는 것은 운전사 1인의 운전으로 수송하는 승객의 수를 늘려서 수송 능력을 향상하려는 아이디어의 발상입니다. 즉 수송능력의 향상 아이디어는 수송능력이라는 유익을 강화하는 아이디어라고 볼 수 있습니다.

이러한 예는 대형 비행기, 원자력 잠수함, 발전 용량이 큰 발전소 등에서도 찾아 볼 수 있습니다. 통신기술의 발전에서도 이러한 사례는 많이 있습니다. 이중 하나가 LAN (Local Area Network)의 기술 발전입니다. LAN 통신 방식중에 이더넷 방식은 10 Mbps 이더넷, 100 Mbps 이더넷, 1 Gbps 이더넷으로 진화했으나 기본 통신 방식은 같고 통신 속도 향상이라는 유익을 강화하기 위해서 작동의 속도를 높였습니다.

유익의 확대는 유익이 강화된 아이디어의 적용 범위를 확대하여 유익을 극대화하는 것이 특징입니다. 자원이나 시간의 한계가 있는 경우 우선 효과가 크며 성공 가능성이 크고 실패 시에 수반되는 위험이 적은 범위를 먼저 유익을 강화하는 아이디어를 실행하여 성공을 하게 되면, 이를 보완하여 적용 범위를 확대하는 것은 거의 모든 일을 할 때 많이 활용하는 방식입니다.

원가 경쟁력이 없어서 폐업을 해야 하는 국내 기업들 업종을 잘 살펴보면 신흥 후발국의 기업에서도 숙련된 근로자가 같은 설비를 가지고 국산과 품질에 차별점이 없는 비슷한 제품을 제조하는 경우가 많습니다. 제지, 신발, 섬유 등의 업종이 이에 속합니다. 이러한 업종에서도 여전히 지속 성장하고 있는 기업들을 잘 살펴보면 그 안에 생존 전략이 있습니다.

신흥 후발국의 기업에서와 같은 면적에서 같은 인원이 투입되는 같은 설비를 이용해서 같은 원료를 사용하여 생산하는 경우에 국산이 원가경쟁력을 갖도록 신흥 후발국의 기업의 생산성을 월등하게 추월하기 위해서는 국내의 제조업체가 생산성 향상의 유익을 줄 수 있는 설비에 대한 노하우를 갖고 있어야 합니다. 신흥 후발국에도 설비를 판매하는 설비 전문 업체에서 양산으로 판매하는 설비를 신흥 후발국의 기업과 똑같이 들여와서 생산해서는 생존의 가능성이 없습니다

이 때에 지속적인 성장을 하는 국내 유수의 기업들은 생산성 향상의 유익을 줄 수 설비 구조나 작동 방식의 혁신을 위해서 유익의 강화라는 아이디어를 구체화하여 독자적인 설비를 신규로 제작하거나 기존 설비를 최소의 투자로 개조를 하곤 합니다.

경우에 따라서는 설비 설계와 제작과 보전과 관련된 노하우의 대외 유출을 방지하기 위해서 설비 엔지니어링 능력과 설비 유지보수 능력을 자화사나 자체에서 보유하는 등의 설비 개발 능력의 내재화를 추진합니다.

실제로 생산설비의 제품 성형의 생산속도가 성형기계의 회전 모터의 속도에 의해서 좌우되는 경우는 핵심 모터의 속도를 2배 이상 올릴 수 있도록 개조를 하는 경우도 있습니다. 이렇게 생산의 속도를 올리는 경우에 예를 들자면 조건 혹은 굽기 공정 특성을 만족시켜주기 위해서는 건조 혹은 굽기 공정의 길이가 2배 이상 길어져야 2배 이상 빠르게 생산되는 제품의 건조 혹은 굽기의 시간이 같아져서 품질에 이상이 발생하지 않습니다.

이 때에 추가적인 토지 면적을 확보하여 건조 혹은 굽기 공정을 확장하는 것이 어려운 경우는 기존의 공간을 입체적으로 활용하여 건조 혹은 굽기 공정의 길이가 2배 이상 길어지게 하여 해결하거나 공간의 제약으로 건조 혹은 굽기 공정의 길이가 2배 이상 길어지게 할 수 없는 경우에는 건조나 굽기의 시간을 반으로 줄여도 같은 품질이 나올 수 있는 새로운 방법을

개발하기도 합니다.

설비에 대한 독자적인 기술이 없는 업종의 업체의 경우에는 생산성 향상이라는 유익의 증대를 위해서 신흥 개발국의 업체보다 공격적으로 생산성을 혁신적으로 향상할 수 있는 신 공법을 구현한 설비를 미리 투자하여 증설하거나 신 공법을 구현할 수 있도록 기존 설비를 최소의 투자로 개조하여 생산을 합니다. 선두를 유지하는 국내 반도체 제조 업체가 이러한 전략을 채택하고 있습니다. 삼성전자의 반도체 부문은 전자의 전략을 잘 실현했으며, 하이닉스 반도체는 투자비의 제한으로 후자의 전략을 잘 실현했습니다.

물론 이러한 업체들은 경쟁업체와 비교해서 불량발생을 최소화하여 수율(투입 반도체 자재수 대비 최종 양품 반조체수의 비율)을 극대화할 수 있도록 공정을 운영할 수 있는 능력을 보유하여 같은 대외적인 조건에서도 후발 업체보다 먼저 투자할 수 있는 이익을 확보할 수 있습니다. 이에 따라서 이런 업체는 선점하여 신 공법을 구현할 수 있는 설비로 증설하거나 개조하는 것이 가능합니다.

이러한 최고 수준의 수율 성과를 달성할 수 있었던 원인은 최고의 수율이라는 유익의 강화를 위한 최적의 작업표준의 정립과 이의 철저한 준수에 있습니다. 작업표준에는 생산 4가지 요소인 사람, 설비, 방법, 자재에 대한 표준이 정의되어 있습니다. 이러한 작업표준을 정의하는 것도 이를 준수하는 것도 사람입니다.

사전 정의된 작업표준은 문서로 끝나는 것이 아니라 작업표준 시스템을 통해 작업표준의 계획/실행/점검/조치의 관리 단계로 나누어 조직적 체계에 의해서 운영됩니다. 이러한 모든 것은 결국의 사람에 의해서 정의되고 조직화되고 운영됩니다.

결국 위기의식을 공유한 사람들은 팀워크에 의해서 서로 도와 이러한 작업표준 시스템을 만들고 운영하고 점검하고 고치기를 반복하게 됩니다.

자체적인 제품의 연구개발능력을 보유하고 공정의 독보적인 생산기술 능력을 보유한 기업은 글로벌의 지역별로 성공할 수 있는 제품을 기획하여 연구개발한 후에 세계 최고 수준의 생산기술로 공정을 개발하고 이 공정으로 이루어진 공장에서 제품을 제조하여 판매를 합니다.

지역별로 성공할 수 있는 다양한 제품들은 동급 최고의 기능과 성능을 구현한 글로벌 표준 플랫폼 기반의 제품을 토대로 각 나라의 다양한 요구사항을 반영하고 이에 따라 공동적인 플랫폼 이외의 부분을 변형하여 제품을 기획하고 만들게 됩니다. 따라서, 이렇게 만들어진 제품은 글로벌 지역별로 판매 경쟁력을 확보하게 됩니다. 이 때에 부품 및 제품내의 부품 구조의 공용화와 표준화를 기초로 선행 개발된 글로벌 표준 플랫폼 기반 제품의 활용으로 원가와 품질과 납기와 개발의 속도의 글로벌 경쟁력이 확보 제품을 제조할 수 있게 됩니다.

이러한 판매와 제조의 경쟁력은 결국 현지화가 충실이 진행된 판매후 서비스 경쟁력과 결합하여 현재의 탁월한 기업을 영속적으로 지속성장 가능한 기업으로 진화하게 합니다. 독자적인 제품 설계 능력과 생산기술을 보유한 일류 글로벌 기업에서는 전세계에서 이와 같은 판매와 제조와 판매후 서비스에서의 경쟁력 강화라는 유익의 강화를 끊임없이 추구하고 있으며, 한 모델의 성공 혹은 한 지역에서의 성공이라는 유익의 확대를 전세계적으로 추진하고 있습니다.

즉, 유익을 강화하게 되면 이러한 유익의 강화된 성과가 전국 혹은 세계 도처에서 지속될 수 있도록 유익을 확대하게 됩니다. 그리하여 글로벌 대기업의 품질과 생산성과 납기와 일하는 속도 등이 전세계적으로 상향 평준화를 달성하게 됩니다. 이를 통해 공급과 제조와 판매의 모든 면에서 탁월한 글로벌 브랜드가 탄생하게 됩니다.

3.5.1 증기

주전자에 물을 넣고 끓일 때 수증기에 의해서 주전자의 뚜껑이 들썩거리는 현상이 나타납니다. 뚜껑이 닫힌 상태에서 계속 물을 끓이면 발생한 수증기의 압력이 뚜껑을 위로 움직일 정도로 커지게 되지만, 일단 뚜껑이 위로 움직이면 수증기가 주전자와 뚜껑의 틈 사이로 안에서 밖으로 배출되고 주전자내의 수증기의 압력은 다시 작아지게 되어 중력에 의해서 뚜껑이 밑으로 내려와 닫히게 됩니다. 위에서 설명한 과정이 계속해서 반복되면서 주전자의 뚜껑이 들썩이게 됩니다. 압력 높아지는 수증기를 흡기라고 하면 이 흡기가 뚜껑을 위로 움직인 것입니다. 수증기가 배출구로 나가면서 압력이 낮아지는 수증기를 배기라고 하면 이 배기가 뚜껑을 아래로 움직인 것입니다. 위로 올리는 것은 수증기의 힘을 이용하지만 아래로 내려오는 것은 중력을 이용하고 있습니다. 즉 수증기의 힘을 충분히 사용하지 못하고 있습니다.

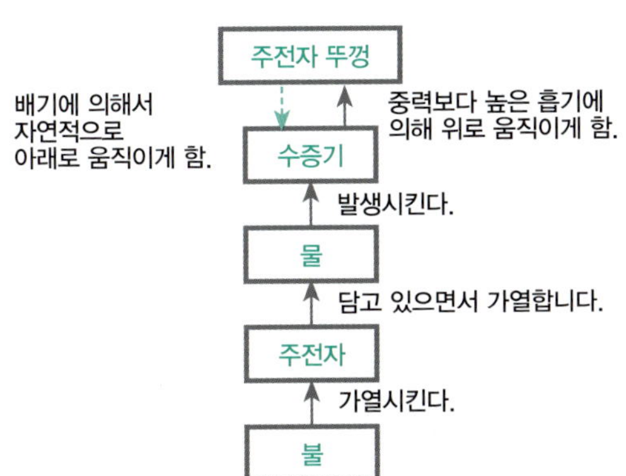

흡기를 이용한 한 방향의 직선 운동의 유익을 직선 왕복 운동에 흡기를 모두 사용하는 유익으로 강화/확대하기 위해서, 주전자를 실린더로 뚜껑을 피스톤으로 주전자와 뚜껑의 틈을 배기구로 주전자 내부의 끓는 물의 수증기 유입 부분은 흡입구개로 변형하고, 피스톤의 양쪽을 자동적으로 교대로 흡기와 배기의 환경이 되도록 하여 직선 왕복 운동이 가능한 증기기관을 발명하였습니다.

직선 왕복 운동을 바퀴의 회전 운동으로 변형할 수 있는 크랭크 등을 증기기관에 연결하여, 인간은 강력한 회전 동력을 자유자재로 사용할 수 있게 되었습니다. 증기기관을 이용한 증기기관차는 교통의 혁명도 가져와 결국 제조와 물류의 혁명으로 지구는 지금까지와는 다른 차원으로 자원과 제조와 소비가 강력하게 연결되었습니다.

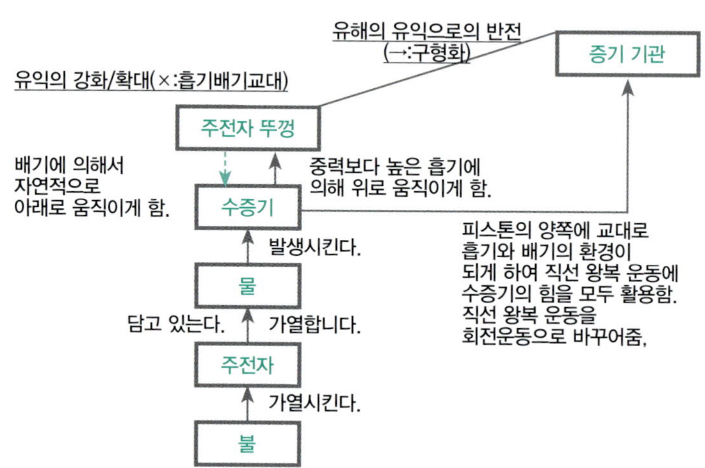

유해의 유익으로의 반전
(→:구형화)
증기 기관
유익의 강화/확대(×:흡기배기교대)
주전자 뚜껑
배기에 의해서
자연적으로
아래로 움직이게 함.
수증기
중력보다 높은 흡기에
의해 위로 움직이게 함.
발생시킨다.
물
피스톤의 양쪽에 교대로
흡기와 배기의 환경이
되게 하여 직선 왕복 운동에
수증기의 힘을 모두 활용함.
직선 왕복 운동을
회전운동으로 바꾸어줌.
담고 있는다.
가열합니다.
주전자
가열시킨다.
불

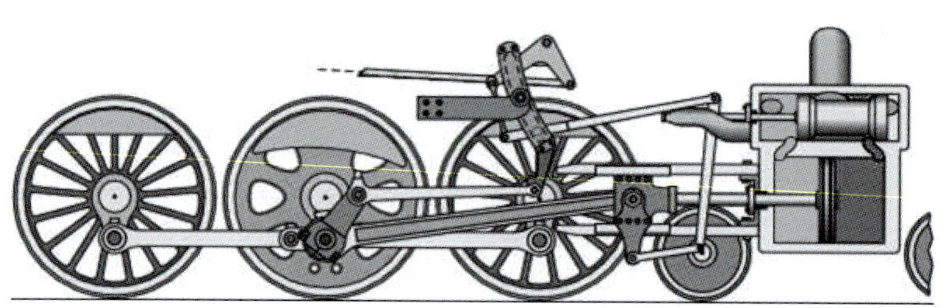

3.5.2 KTX 초고속 열차

최고 시속 300km로 달리는 KTX 열차에 동력을 발생시키는 모터는 KTX의 맨 앞의 기관 열차와 맨 뒤의 기관 열차의 두 곳에 있습니다. 맨 앞의 기관 열차와 맨 뒤의 기관 열차가 있고 중간에 고정된 수의 객실 열차가 있는 형태로 편성하여 KTX를 운행하고 있으며 객실을 줄인 형태로는 운행을 하지 않고 있습니다.

현재로서는 더 빠른 속도의 초고속 열차에 대한 수요는 있으나 기술적으로 현재의 KTX로는 이를 만족시킬 수 없습니다.

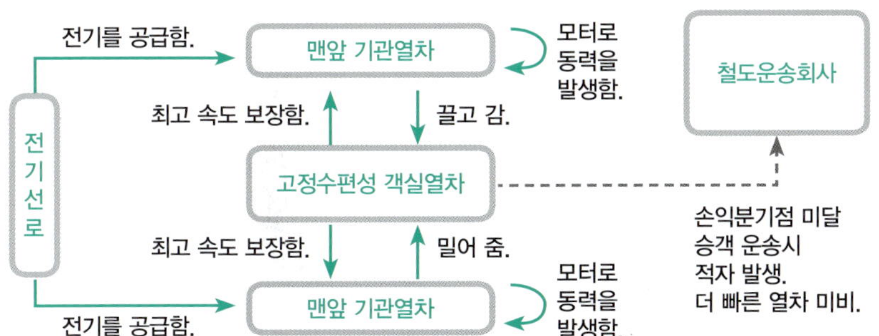

초고속 열차의 설계상 최고 속도를 보장하기 위해서 맨 앞의 기관 열차와 맨 뒤의 기관 열차가 있고 중간에 고정된 수의 객실 열차로 편성되는 KTX 초고속 열차를 개발하였습니다. 이는 객실 열차를 늘리면 최고 속도를 보장할 수 없고 줄이면 경제성이 없어 지기 때문입니다.

따라서 객실의 유연한 편성에도 최고속도를 높여서 보장하려면 객실의 부하에 비례하여 객실마다 동력을 발생시키는 모터를 설치하여 구동시킬 수 있는 저가의 경량 초고속 열차를 개발하면 가능할 것입니다.

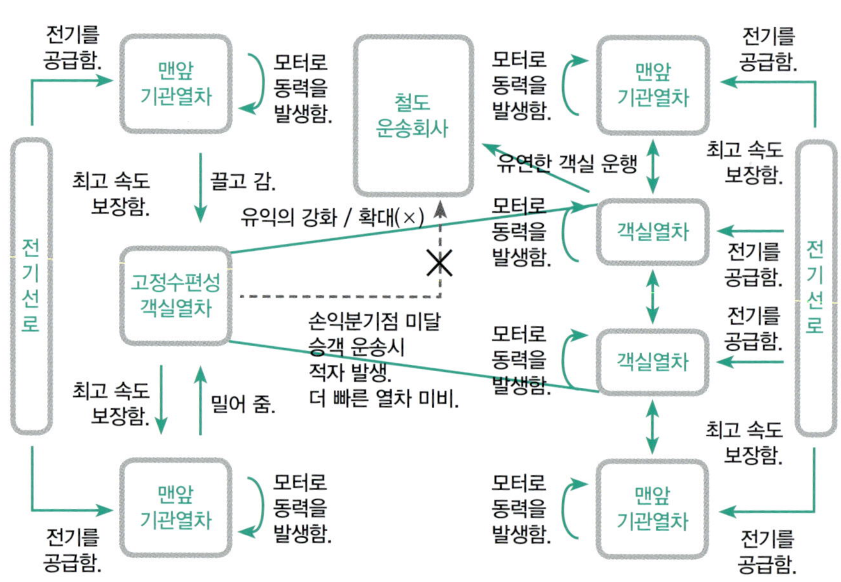

┃ 최고 시속 350Km 차세대 KTX (모든 객차 모터 구동) ┃

3.5.3 인간의 비행

하늘을 날고 싶은 인간의 욕망은 하늘을 날 수 있는 새를 관찰하게 했습니다. 결국 새의 날개와 비슷한 기능을 할 수 있는 것을 만들어서 인간에 몸에 부착하여 새들의 날개 짓을 흉내 내었습니다. 그러나 인간의 몸은 새에 비해서 무겁고 인간의 팔은 그 몸을 비행시킬 수 있을 정도로 날개 짓을 할 수 없어서 번번히 실패를 하였습니다. 글라이더 날개를 만들어서 몸에 부착하고 높은 곳에서 낮은 곳으로 비행은 할 수 있었지만 이것은 고도를 높이는 진정한 비행은 아니었습니다.

그러던 중에 미국의 라이트 형제가 새가 비행할 수 있는 것은 새의 날개 짓으로 인해서 날개 윗 쪽의 공기가 강제로 날개 아래 쪽으로 밀려나게 되어 날개 윗 쪽의 기압이 날개 아래 쪽의 기압보다 낮게 되어 날개 아래에서 날개를 위로 올리는 힘인 양력 때문일 것이라는 가설을 세우고 이를 증명하려고 했습니다.

그러나 새의 날개와 비슷한 기능을 사람 몸에 부착하고 이것을 증명하는 것은 쉽지 않았습니다. 따라서 다른 동력을 사용하여 전진하면서 양력을 발생시킬 수 있는 날개를 고안하게 됩니다. 여러 번의 실험으로 보다 많은 양력을 발생시킬 수 있는 날개의 형상과 양력을 발생시킬 수 있는 정도의 강력한 전진 동력을 발생시키는 프로펠러를 개발하게 됩니다. 결국 아래의 그림과 같이 양력이라는 유익을 지속적으로 발생시키기 위해서 회전하는 프로펠러에 의해서 발생하는 전진 동력과 양력 발생 날개를 사용하는 비행체를 발명하게 됩니다. 라이트 형제는 사람이 그 비행체를 타고 성공적으로 비행하는 것을 보여 비행의 원리의 가설을 실험을 통해 증명하였습니다. 추후에 보다 고속의 전진 동력을 얻기 위해서 내연기관에 의한 프로펠러를 대신하여 기계적인 마찰이 필요없는 제트엔진을 사용하게 됩니다.

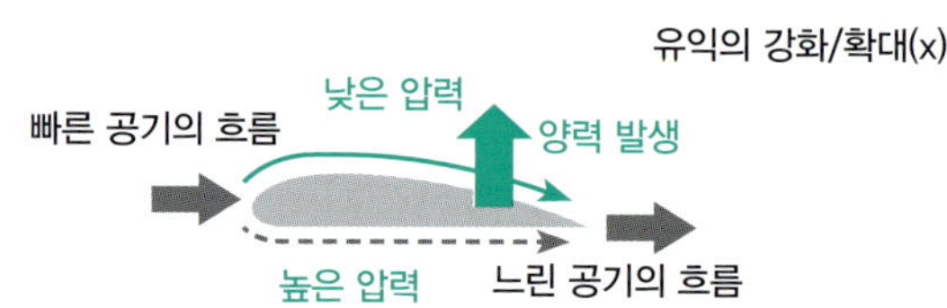

▎ 라이트 형제의 비행기 발명 ▎

3.5.4 인간의 조명

 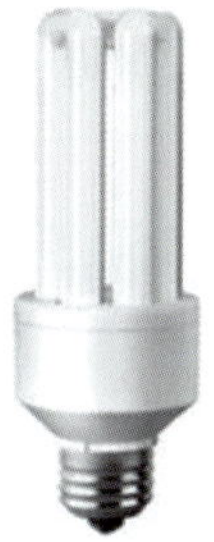

저항이 많은 있는 도체에 전기를 흘려서 열을 발생시키고 그 열에서 가시광선이 나오도록 한 백열전구가 발명되면서 세상 사람들은 백열전구를 조명에 사용하였습니다. 그러나 백열전구는 사용되는 전기 에너지 중에서 빛으로 변환되는 에너지는 적고, 대부분의 전기 에너지는 열에너지로 쓸데없이 공기를 데우는 것에 소모되어 전기의 소모가 많았고 그 수명은 평균 1,000시간 정도였습니다.

이에 사람들은 밀폐된 진공상태의 유리관내서의 고압전기의 전극 사이에서 발생하는 방전현상에서 발생하는 빛이 유리관내의 형광물질과 충돌하면서 원하는 가시광선을 내는 형광등을 발명을 하게 됩니다. 형광등을 기존의 백열전구의 소켓에서 사용하기 위해서 전구식 형광등을 발명하게 됩니다.

방전현상에서의 열의 발생이 백열전구에서의 열의 발생보다 적기 때문에 전구식 형광등은 같은 밝기의 빛을 내기 위해서 백열전구의 1/5의 전기만을 사용하게 됩니다. 전구식 형광등의 수명은 8,000시간으로 1,000시간인 백열전구의 수명보다 8배정도 깁니다. 결국 2014년 현재 전구식 형광등은 가격면에서 백열전구보다 6배정도 비싸지만 수명이 8배정도 길고 전기소모가 1/5정도가 적어서 백열전구를 대체하는 거의 모든 조명는 전구식 형광등을 사용하고 있으며, 국가에서도 백열전구의 판매를 규제하게 되었습니다.

사람들은 전기에너지의 절감과 수명의 연장이라는 유익을 보다 강화할 수 있는 전기조명기구를 꾸준히 연구하였습니다. 일반적으로 두 가지 유익을 동시에 주는 신기술의 전기조명기구는 대량생산기술이 발명되기 전까지는 매우 비싸서 경제성이 없어서 일반적으로 사용하지 않습니다.

빛이 N형 반도체에 닿으면 전자가 흘러서 P형 반도체의 정공으로 향하여 전기의 흐름이 발생하는 현상은 1840년대에 발견하게 됩니다. 반도체 양산기술이 발전하자 이러한 현상을 꺼꾸로 이용하여 1962년에 전기를 직접 빛으로 변환하는 발광다이오드(LED : Light-Emitting Diode)를 발명하게 됩니다. LED를 만드는 제조 과정에 많은 원가가 발생하여 주로 글씨나 숫자를 나타내는 용도로 사용되었으며 조명광고에 사용되었습니다. 끊임없이 LED의 전기 에너지의 사용 효율을 높이는 연구개발을 추진하여 휴대폰과 LCD TV의 배후조명과 자동차의 조명으로도 사용되었습니다. 그리고 결국 가정용 전기조명기구로 LED 전구가 상용적으로 판매되기 시작했습니다.

LED 전구의 전광현상에서의 열의 발생이 전구식 형광등의 방전현상에서의 열의 발생보다 적기 때문에 LED 전구는 같은 밝기의 빛을 내기 위해서 전구식 형광등의 0.76배의 전기만을 사용하게 됩니다. LED 전구의 수명은 30,000시간으로8,000시간인 전구식 형광등의 수명보다 3.75배정도 깁니다. 결국 2014년 현재 LED 전구는 가격면에서 백열전구보다 2~3배정도 비싸지만 수명이 3.75배정도 길고 전기소모가 0.76배정도가 적어서 전기식 형광등을 본격적으로 대체하기 시작하고 있습니다.

앞으로도 사람들은 전기에너지의 절감과 수명의 연장이라는 유익을 보다 강화할 수 있는 전기조명기구를 꾸준히 연구할 것입니다.

▌ LED전구(전광직접변환방식) ▌

4.

맺음말

4. 맺음말

지금까지 제안 아이디어를 만드는 5가지 원리를 도출하기 위해서 역사적 발명물의 탄생전의 문제 상황을 문제점 기능 요소 시스템 분석 기법을 활용하여 문제의 구성요소간에 존재하는 유익과 유해의 관계를 분석하였습니다.

특히 환경의 변화나 이해관계자들의 요구사항 변화나 부각되지 않았거나 인지하지 못했던 유해를 명확히 규명하므로서 문제점이 지속적으로 나타난다는 것을 알 수 있었습니다.

이 과정에서 우리는 유익과 유해가 명확히 구분되는 경우도 있었으나 문제점이라고 인식하는 부분에서는 유해와 유익이 복잡하게 혼합되어 있거나 모순적으로 상존하는 경우를 목격하였습니다.

이에 문제점을 해결하기 위해서는 먼저 유해와 유익을 분리하는 것이 제일 먼저 생각하는 것이라는 것을 찾아내었습니다.

다음으로 발견된 유해를 제거하기 위해서 생각을 한다는 사실도 찾아내었습니다.

쉽게 제거되지 않은 유해는 그 유해전체를 유익으로 바꾸거나 덜 유해하게 만들어서 덜 유해한 만큼을 유익으로 바꾸기 위해서 생각을 한다는 사실도 찾아내었습니다.

일단 유해가 없다고 판단이 들면 유익을 추가하거나 통합하기 위해서 생각한다는 점도 찾아내었습니다.

마지막으로 유익한 작용의 속도나 시간단축이나 규모 확대 등을 통해 유익의 강화를 하기 위한 생각을 한다는 점도 찾아내었습니다.

결국 유익을 극대화하고 유해를 극소화하는 과정에서 나타나는 세상의 거의 모든 문제점들은 위의 제안 아이디어를 만드는 5가지 원리를 통해 끊임없이 해결된다는 사실을 이 책에서 밝혔다고 독자분들이 공감하신다면 이 책의 저자로서 대만족이겠습니다.

이 책에서 도입한 문제에 존재하는 유익과 유해와 모순의 개념은 이미 많은 창의적 문제해결 방법론을 연구한 사람들의 연구결과물입니다. 다만 저자는 이러한 개념을 이용하여 보다 쉽게 많은 사람들이 '제안 아이디어 만들기'를 쉽고 빠르게 할 수 있도록 돕고자 이 책을 집필했습니다. 제안 아이디어는 저절로 우연히 나오지 않다는 사실에 공감했으면 합니다. 앞으로는 '인간과 자연의 공존을 위한 제안 아이디어'의 생성의 생산성과 생성의 속도와 품질이 뛰어난 조직이 미래의 지식기반 사회에서 중추적인 역할을 할 것이며, 보다 많은 책임을 질 것입니다.

지금까지의 이해관계자들은 주로 사람 혹은 사람의 집단이 주었습니다. 그러나 전 세계의 인류와 자연과 환경과 동식물들에게도 이상적인 생존을 제공해야 할 의무가 인간에게 있다고 믿는다면 이러한 부분도 문제의 정의와 분석을 위해서 깊이 있게 고려해야 할 것입니다. 같은 계층의 인간 집단만을 생각한 이상향이 아니라 인간과 자연의 조화를 생각한 이상향이 장기적으로 진정한 이상향이 될 것입니다. 제안 아이디어는 결국 인간과 자연의 조화를 생각한 이상향을 생각할 때 진정한 가치가 있을 것입니다.

현재 내연기관의 자동차/비행기와 화석연료를 사용하는 발전소를 위해서 전세계적으로 창의적인 특허를 수없이 만들었으며, 전세계적으로 자동차/비행기와 발전소를 만들어서 운전하고 폐기를 하였습니다. 자동차/비행기는 운송의 혁명을 가져왔으며 인간 생활의 풍요를 가져왔습니다. 또한 화석연료를 사용하는 발전소는 전세계의 전기의 일정부분을 생산하여 인간 생활의 풍요를 가져왔습니다. 이러한 인간이 창의적인 생각의 결과물들이 결국 기후변화를 야기하고 수 많은 자연재해를 만들어서 인간과 자연에게 깊은 상처를 준다면, 지금까지의 인간의 창의적인 생각이라고 칭송한 것들은 지금까지와는 다른 관점에서 평가가 될 것입니다. 인간만을 위한 우리나라만을 위한 우리회사만을 위한 나만을 위한 이상향은 결국 탐욕이 되어 모두에게 해를 끼칠 수도 있을 것입니다.

전정으로 필요한 것이 무엇인지를 잘 모르고 필요한 것 이상 혹은 불필요한 것들을 가지려고 하고 배우려고 하고 가르치려고 하는 인간의 탐욕이 수많은 세계의 전쟁과 전 세계 문명의 발전을 가져왔지만, 부작용으로 전 세계의 인류와 자연과 환경과 동식물들에게는 이상적인 생존을 파괴하고 있습니다.

더 많은 물질적인 경제적인 가치를 가지려는 자본주의의 무한경쟁은 창의적인 생각을 만들게 하고 그것을 실현하게 하고 자원을 최적의 상태로 배분되게 하여 문명의 지속적인 발전을 가져오게도 하지만, 국가간 사회계층간의 물적인 경제적인 차이를 필연적으로 발생하게 하였습니다. 이 차이를 마치 행복의 차이로 인식하는 한 진정으로 행복해 질 수 없습니다.

사심이 없는 마음의 평화와 생존을 위해서 최소한으로 필요한 것만을 갖고 나머지는 나누어 주겠다는 마음, 타인에게 사랑과 위로를 주고 또한 타인의 사랑과 위로를 적극적으로 받겠다는 마음이 우리의 마음의 바탕을 이루기 위해서는 세계와 국가가 기본적인 생존이 가능한 최소한의 필요한 것을 건강하게 얻을 수 있는 일자리를 사람들에게 안정적으로 공급하는 책임을 지어야 할 것입니다.

탐욕에 의해서 속박을 받지 않는 진정한 정신의 자유를 사람들이 누리고 살 수 있도록 전 세계의 인류와 자연과 환경과 동식물들의 이상적인 조화와 공존을 생각한 이상향을 위한 유익과 유해를 생각하면서 제안 아이디어를 만드는 5가지 원리를 활용하여 사람들과 세상의 문제들을 분석하고 소통해 나가면서 해결하여 진정한 행복을 모두가 느끼기를 바랍니다.

감사의 글

살아오면서 많은 사람들에게 빚을 졌다고 생각합니다. 지난 일을 꼼꼼히 생각해 보니 빚에 대한 고맙고 감사한 마음을 다 표현하지 못하거나 빚을 다 갚지 못하고 인연에 따라 헤어지고 만나왔습니다. 때로는 빚보다 많은 상처를 받아서 빚 진 것도 잃어버리고 헤어지기도 했었던 것 같습니다. 어째든 빚을 졌는데도 말입니다.

제가 지금까지 살면서 만났던 모든 사람들에게 진 빚으로 많이 부족한 제가 살았고 이 책도 쓰게 되었으니 그 분들에게 감사를 드립니다.

제가 이 책을 구상하고 쓸 수 있도록 선행 연구를 진행했던 많은 선배 연구자 여러 분들에게도 감사를 드립니다.

제가 컨설턴트로서 왕성하게 일을 할 수 있도록 많은 컨설팅 기회를 주셨던 KPC, KSA, KMAC와 삼성전자와 삼성코닝정밀소재와 포스코와 포스코 경영연구소와 현대 모비스 등의 많은 임직원 분들께 감사를 드립니다.

이 책의 초고를 보시고 출판을 결정해주시고 원고가 완성될 때까지 격려를 아끼지 않으신 한국생산성본부 정보문화원의 김광섭 팀장님과 안덕기 원장님에게 진심으로 감사를 드립니다.

저와 가장 가깝게 지내는 가족들에게도 깊은 감사를 드립니다. 저에게 듬직한 아들인 장남에게도 감사를 드립니다. 또한 하나뿐이 없는 사랑스러운 딸에게도 감사를 드립니다. 저의 아내는 결혼해서 지금까지 저에게 깊은 위안과 격려를 주었습니다. 아내가 없었다면 아마 저는 이 책을 완성할 수 없었을 것입니다. 끝으로 저의 아버님과 어머님에게도 감사를 드립니다. 그 분들이 아니었으면 저는 아마 존재하지 않았을 것이며 행복한 날들을 매일 맞이할 수 없었을 것입니다.

자연의 위대함 앞에 인간은 보 잘 것 없는 존재이나 인간과 자연이 상생할 수 있는 이상적인 세상을 위해 우리 인간은 창조적 제안을 계속적으로 발상할 것이고 세상에 그 제안을 구현할 것임을 믿으며, 이 책을 읽어 주시는 독자 여러분에게 깊은 감사를 드립니다. 아무쪼록 여러분의 하시는 일에 도움이 조금이나마 도움이 되었으면 합니다.

저자 국경묵 소개

저자는 창의적인 아이디어의 발상원리에 항상 관심이 많습니다. 산업공학을 고려대학교에서 학사과정과 한국과학기술원 석사과정에서 전공하였습니다.

석사과정 졸업 후 한국생산성본부에서 공장관리(IE) 컨설턴트로 컨설턴트의 길에 입문하였습니다. 그 후 정보시스템업체에서 컴퓨터통합제조 컨설팅 업무와 공공 연구소에서 초고속통신망서비스 시스템 엔지니어링 업무를 수행했으며 민간 기업연구소에서 제품개발총괄책임자로서의 제품개발관리업무를 수행했습니다. 이후 한국능률협회컨설팅에서 IE/TPS/LEAN/물류혁신/TPM/VE/TRIZ/DR/FMEA/PI 등의 교육과 컨설팅을 수행했으며, 생산혁신본부의 본부장을 역임했습니다.

주요 컨설팅은 다음과 같습니다. 삼성SDS와 일본의 도시바 정보 시스템과 협력하여 삼성전자 세탁기 사업부의 JIT+MRP 컨설팅 프로젝트를 수행했으며, 현대오토에버/SAP코리아와 협력하여 현대모비스의 PI/ERP 컨설팅의 PM 모듈 PI 컨설팅의 프로젝트 리더 역할을 수행했으며, 삼성전자 해외협력사 C-TPM 컨설팅을 수행하였습니다. 포스코 경영연구소와 협력하여 포스코 광양제철소의 생산현장혁신 활동인 QSS (Quick Six Sigma) 활동의 컨설팅을 수행했습니다.

현재는 생산성혁신분야 및 창의혁신분야의 교육과 컨설팅을 수행하고 있습니다.

참고문헌

1. **생각의 탄생** 로버트 루트번스타인, 미셸 루트번스타인 공저/박종성 역, 에코의서재, 2007년 8월24일

2. **세계역사 이야기 1~5** 수잔 와이즈 바우어/이계정 역, 이론과 실천, 2008년 1월 25일

3. **새로운 방식의 트리즈** 겐르흐 알트슐러 저/박성균 역, GS인터비전, 2011년 4월 10일

유익과 유해의 규명으로부터
제안 아이디어를 만드는 5가지 원리 : SECAR

1판 1쇄 인쇄 2014년 5월 23일
1판 1쇄 발행 2014년 6월 5일

지은이 국경묵
발행인 안덕기
발행처 한국생산성본부 부설 ㈜한생미디어

등록번호 제 1-1769호(1994. 9. 7)
　　　　　서울 종로구 새문안로5가길 32 (적선동 122-1)
전화 02)738-2036(편집부)
　　　02)738-4900(마케팅부)
팩스 02)738-4902

ISBN 978-89-8258-654-5
E-mail : kskim@kpcm.or.kr